Karl Schott dem rechten
Liebhaber meiner Bilder in
Verbundenheit von Karl Walser
Weihnachten 1974.

ROBERT SCHOLZ

MEISTER DER FORM UND FARBE

TÜRMER VERLAG

Meiner Frau Johanna
gewidmet

ROBERT SCHOLZ

MEISTER DER FORM UND FARBE

Lebensbeschreibungen europäischer Künstler

TÜRMER VERLAG MÜNCHEN

Einbandentwurf: Hasso Freischlad

1973

Druck: Gugath & Sohn, 8 München 21
ISBN 3 87829 045 4

REMBRANDT, EIN UNIVERSUM

Der Ausspruch „Genie ist Überraschung und Rätsel", auf Rembrandt geprägt, charakterisiert die Situation, in der sich die kunstgeschichtliche Forschung dieser einmaligen Erscheinung gegenüber bis auf den heutigen Tag befindet.

Rembrandt tritt uns als ein geistiges und künstlerisches Universum gegenüber, das ähnlich wie Shakespeare und Beethoven unausschöpfbar erscheint. Kant hat das Genie als das Talent definiert, das der Kunst die Gesetze gibt. Rembrandt ist einer der mächtigen Gesetzgeber im Reich der Kunst. In der Definition Kants wird im Gegensatz zu der platonischen Ideenlehre die künstlerische Bestimmung in die Persönlichkeit des Künstlers verlegt. In dieser Anschauung sind Genie und Kunst Urphänomene, die nicht weiter enträtselt werden können. Rembrandt ist der erste Künstler, der ganz aus diesem neuen künstlerischen Persönlichkeitsglauben seinen Auftrag herleitet. Und mit ihm hat eine völlig neue künstlerische Epoche begonnen. Rembrandts Kunst läßt sich weder rational erklären noch begreifen. Wir können uns ihrem Wesen nur nähern, wenn wir fragen, auf welche Weise und durch welche persönlichen und zeitlichen Umstände das Mysterium dieser Kunst wurde.

Am äußersten Westrand von Leiden stand eine der für Holland so typischen Kornwindmühlen. Der Müller Harmen Gerritz, dem sie gehörte, wurde nach dem an der Mühle träge vorbeifließenden Nebenarm des Rheins landesüblich van Rijn genannt. Ihm und seiner Frau Neeltje, einer Bäckerstochter, wurde am 15. Juli 1606 als fünftes Kind ein Knabe geboren, der den auch in

Holland ungewöhnlichen Vornamen Rembrandt erhielt. Zu einem gewissen Wohlstand gelangt, können die Eltern den durch Begabung auffallenden Jungen in die Lateinschule schicken, und Rembrandt bezieht mit 14 Jahren die Universität in Leiden. Die künstlerischen Neigungen scheinen sich aber inzwischen stärker als die wissenschaftlichen Interessen entwickelt zu haben, und nach kurzer Zeit vertauscht Rembrandt die Universität mit der Werkstatt des Malers Swanenburch. Nach Abschluß der dreijährigen Lehrzeit geht er für ein halbes Jahr nach Amsterdam zu dem damals bekannten Maler Pieter Lastmann, der den italienischen Stil in konventioneller Manier für den holländischen Geschmack umformte. Um 1625, im Alter von 19 Jahren, finden wir Rembrandt wieder in Leiden, wo er gemeinsam mit einem begabten jungen Kollegen, Jan Lievens, eine jener Künstlerwerkstätten eröffnet, wie sie sich damals sehr zahlreich über das bilderfreudige Holland verbreitet hatten. 1632 übersiedelt der junge Rembrandt nach Amsterdam in das Haus des Kunsthändlers Hendrik van Uylenburgk, der ihm Porträtaufträge in Amsterdam vermittelt. Zwei Jahre später heiratet Rembrandt die Base seines Geschäftsfreundes, Saskia, eine Waise und reiche Bürgermeisterstochter aus Friesland. Die Lebenskurve Rembrandts steigt in dieser Zeit steil aufwärts. Durch die Heirat findet er Eingang in die Patrizierkreise, seine Kunst gewinnt immer mehr Bewunderer. Er erwirbt ein stattliches Haus in der Breetstraat, das er, ein passionierter Sammler, mit Kunstwerken und Raritäten aller Art anfüllt. Der Auftrag für das später so berühmt gewordene Bild „Die Nachtwache“ bringt durch die Eigenwilligkeit der Auffassung Rembrandt in ernstliche Schwierigkeiten, die seinen künstlerischen Ruf erschüttern. Im gleichen Jahre stirbt Saskia. Da kurz vorher auch die Mutter Rembrandts gestorben ist, bleibt er mit dem einjährigen Sohn Titus allein zurück. Der Aufwand für das große Haus, vielleicht auch der im Vollgefühl der Erfolge sorglos gemachte Lebensaufwand bringen Rembrandt in Schulden, aus denen er nicht mehr herausfindet. Die Aufträge werden geringer, Rembrandt zieht sich immer mehr von der Öffentlichkeit zurück. Das verstärkt sich noch, als etwa um 1645 Hendrikje Stoffels, eine westfälische Bauernmagd, ein schlichtes, aber menschlich hochstehendes Geschöpf in das Haus kommt und bald auch Rembrandts zweite Lebensgefährtin wird. Wegen einer Klausel im Testament der Saskia kann die Verbindung nicht legalisiert werden, und Rembrandt verfällt der gesellschaftlichen Ächtung, was seine wirtschaftlichen Verhältnisse vollends zerrüttet. Angesichts des unvermeidlichen Zusammenbruchs muß Rembrandt den hohen Rat der Stadt im Juli 1656 um die cessio bonorum bitten, was einem Konkurs gleichkommt. Das Haus in der Breetstraat und die wertvollen Sammlungen werden in den Jahren 1657 bis 58 versteigert. Der Erlös reicht indessen nicht aus, um die Schulden zu decken, und Rembrandt bleibt bis an sein Ende den Gläubigern verfallen. Er zieht sich mit Hendrikje, ihrem gemeinsamen Töchterchen Cornelia und Titus in ein bescheidenes Haus in der Rosengracht zurück, da wo die jüdischen Händler Amsterdams am Ende des Gettos ihre bunten Trödlerläden haben. Um Rembrandt den Forderungen der Gläubiger zu entziehen, nehmen Hendrikje und Titus ihn 1660 in ihre 1658 gegründete

Kunsthandlung als „Angestellten“ auf, der für Speisung und Quartier seine ganze künstlerische Produktion abzuliefern hat.

Es wird um den frühzeitig gealterten Künstler immer stiller, vollends als 1662 Hendrikje stirbt. Jetzt übernimmt Titus allein die Sorgen des Haushalts, doch seine schwächliche Natur erlischt bereits 1668. Da mag tatsächlich über den mit der halbwüchsigen Tochter Cornelia in dem verlassenen Hause der Rosengracht zurückgebliebenen Meister richtige Not gekommen sein. Rembrandt stirbt am 4. Oktober 1669, 63 Jahre alt, und der einst über Holland hinaus berühmte Meister wird in aller Stille und sehr ärmlich in der Westerkerk begraben.

Das ist in Kürze Rembrandts dramatische Lebensgeschichte; sie wurde später mit romanhaften Zügen ausgestattet, Rembrandt zum Verschwender und Trinker gestempelt. Die Tatsachen sind nüchterner und großartiger zugleich. Das Schicksal hatte Rembrandt schwerer als jeden anderen angefaßt, aber dennoch wäre es falsch, sein Leben ein tragisches zu nennen. Das Schicksal hat ihn nicht zerbrochen. Wir wissen aus den Datierungen seiner so ungemein zahlreichen Werke — es sind allein etwa achthundert Gemälde, zweitausend Zeichnungen und dreihundert Radierungen erhalten geblieben —, daß er nach keinem der vielen Schicksalsschläge den Pinsel aus der Hand gelegt hat. Er hat jeden dieser Schläge mit der kraftvollen Gegenwehr einer erhöhten künstlerischen Leistung beantwortet. Da, wo sein Leben von echter Tragik gezeichnet ist, resultiert diese weit mehr aus dem ewigen Konflikt des Genies, das von seiner Zeit nicht verstanden wird.

Rembrandt begann seinen künstlerischen Weg, als durch die politische Befreiung der sieben Nordprovinzen Hollands von der Zwangsherrschaft Spaniens und ihre Zusammenfassung in einem freien republikanischen Staatsgebilde ein Gemeinwesen entstanden war, in dem ein starker bürgerlicher Kulturwille sich entwickelte. Das Schwergewicht lag jedoch mehr bei den Wissenschaften als bei den Künsten. Die Zeit Rembrandts war durchaus bildfreudig, aber was hätte das durch seinen Seehandel und die indischen Kolonien zu Wohlstand und Macht gelangte religiös puritanische Bürgertum Hollands von der Kunst anderes verlangen sollen als — wie der berühmte französische Kunstschriftsteller Fromentin treffend bemerkt hat — sein eigenes Porträt, dies sowohl wörtlich als in einem erweiterten Sinne des Begriffes als stimmungsvolle Darstellung der Landschaft und der Freuden des Daseins. Das repräsentative Bildnis, die Landschaftsidylle, das erzählende Genrebild kleinen Formats und das minuziös ausgeführte Stilleben wurden typisch für den Ausdruck des holländischen Kunstwillens. In diese geruhsame Situation trat Rembrandt als ein elementares Naturereignis ein. „Durch Rembrandt", sagt Bode, „ist die holländische Kunst erst zum reinen Ausdruck ihres Charakters gelangt, er bildet den Höhepunkt ihrer malerischen Entwicklung."

Das Phänomen Rembrandt besteht nicht zuletzt darin, daß trotz aller Neuartigkeit des Wollens der Stil seiner Wandlungen weniger eine künstlerische Revolution als eine Evolution bedeutet. Nur so ist es möglich, daß seine Malerei gleichzeitig eine Vergangenheit, nämlich die Kunst des Hochbarock auf holländischem Boden, abschließt und eine künstlerische Zukunft eröffnet, die ein Weg für die Malerei über Jahrhunderte wurde. Ebenso wie Rembrandt zunächst ein echtes Kind seiner Zeit ist, ist er auch ein Holländer von stärkster nationaler Prägung. In seiner Kunst, und nicht nur in der der Frühzeit, spiegeln sich die wesentlichen Charaktereigenschaften nordisch-germanischer Art, Rembrandt spricht in einem auf die malerische Anschauung übertragenen Sinne niederdeutschen Dialekt. Das tritt vorzugsweise in seinem Realismus, in der sinnlichen Vitalität seiner frühen Figurendarstellungen und nicht zuletzt in der geradezu romantisch anmutenden Gefühlstiefe seiner Landschaftskunst zutage. Rembrandts Malerei ist aus dem Boden eines betont nationalen Lebensbewußtseins gewachsen. Dieses Moment hat Goethe vor Augen, wenn er dem Künstler im Hinblick auf Rembrandt die Mahnung zuruft: „Geh vom Häuslichen aus und verbreite dich, so du kannst, über die Welt." Das Häusliche, die reale Welt seiner holländischen Heimat, war für Rembrandt die Basis der Geistespyramide, deren Spitze in die Unendlichkeit ragt.

Rembrandt begann seine malerische Entwicklung in dem glatten Stil, den er bei Pieter Lastmann gelernt hatte, und ebenso wie bei diesem ist Rembrandts frühe Figurenmalerei von dem großen italienischen Barockmaler Caravaggio abhängig. Für den holländischen Maler der damaligen Zeit war das Porträt das tägliche Brot. So auch für den jungen Rembrandt. Er malt in der Frühzeit die Menschen repräsentativ, realistisch ohne Pathos, aber mit sicherer Würde. Er besitzt schon früh eine bewundernswerte Sicherheit der Zeichnung, der malerischen Technik, die nicht die Virtuosität eines Frans

Hals hat, die es jedoch versteht, die Porträtierten mit einer eigenen Atmosphäre zu umgeben.

Neben religiösen Bildern kleineren Formats und intimer Wirkung versucht sich Rembrandt in seiner Frühperiode auch an großen biblischen Szenen im kontrastreichen Stil der Malerei des Hochbarock, wofür seine Simson-Bilder und manche andere Bildthemen des alten Testaments ein Beispiel sind. Das Meisterstück, das seine erste Schaffensperiode abschließt und Rembrandt berühmt macht, ist das Gruppenbild der Anatomie des Dr. Tulp. Hier glückt es ihm, in der kompositionell lebendigen Ordnung mehrerer Personen um ein Bildzentrum das übliche Gruppenbildschema zu durchbrechen und der Szene durch die Aktion der Figuren eine bisher unbekannte Lebendigkeit zu geben. Es folgen die Jahre einer ihres Könnens sicher gewordenen Meisterschaft. Es sind gleichzeitig die acht Jahre der glücklichen Ehe mit Saskia. Von dieser beglückenden Zeit erzählen uns auch die zahlreichen malerisch brillanten Bildnisse der Saskia. Sie war auch das Modell für seine mythologischen Themen wie in dem Kabinettstück der „Danae". Er hat ihren zierlichen Körper mit zärtlichem Pinsel umkost, und es gibt wenige Werke der Kunstgeschichte, in denen die blühende Frische einer weiblichen Gestalt mit solcher malerischer Sicherheit erfaßt wurde.

Ein zweites Gruppenbild sollte, wie schon erwähnt, eine schicksalhafte Wende seiner Entwicklung einleiten. Rembrandt hatte den Auftrag erhalten, die Mitglieder der Schützengilde in einem jener Gruppenbilder darzustellen, wie sie sich in der Form eines traditionellen Schemas unter dem Begriff der Gilde-Bilder entwickelt hatten. Die Schützenzunft, die sich verpflichtet hatte, 1700 Gulden für das Bild zu zahlen, erwartete, einen jeden der Schützenbrüder deutlich sichtbar in repräsentativer Würde konterfeit zu sehen. Der Künstler aber wollte dem Bilde eine neue dramatisch bewegte Form geben. Wie zu einem Aufbruch treten die Schützen in einzelnen bewegten Gruppen unter einem dunklen Vordach hinaus ins Freie. Durch die Bewegungen, die der Komposition dienen, werden einzelne der Porträtierten teilweise verdeckt; außerdem hat Rembrandt große Partien des Bildes in tiefes Dunkel getaucht, um damit bestimmte malerische Lichteffekte zu erreichen. Wegen des dunklen Tons erhielt dieses Bild später den Namen „Die Nachtwache“. Farbe und Licht wurden zum Hauptthema des Bildes. Das Genie Rembrandts war in einen Konflikt mit der sachlichen Seite der gestellten Aufgabe geraten. Das Bild wurde zurückgewiesen, und der Hauptmann Cook ließ sich mit seinen Schützen dann bei dem soliden Maler van Helst malen. Rembrandts Ruf als Porträtmaler war damit bei seinen Zeitgenossen ins Wanken geraten. Diese Tatsache hat sich, wie wir wissen, tragisch ausgewirkt. Aber Rembrandts großer Stil war geboren. Das geheimnisvoll phosphoreszierende Licht und eine ins Visionäre gesteigerte Farbigkeit wurden zum zentralen künstlerischen Problem, dem er alles opferte.

Zu Rembrandts visionären Lichterscheinungen gehört eine ebenso geheimnisvolle Tonigkeit, in welche Licht und Farbe eingebettet erst ihre magischen Qualitäten entfalten. Das Hell-Dunkel Rembrandts, das Braun des „faustischen Weltgefühls“, wie es Oswald Spengler genannt hat, wurde zu einem Inbegriff der abendländischen Malerei. Mit dieser neuen koloristischen Sprache ist Rembrandts Entwicklung abgeschlossen. Er hatte das Ausdrucksmittel gefunden, Dinge zu sagen und Gefühle wiederzugeben, welche die Malerei vor ihm nicht kannte. Rembrandts weltweite und zeitlose Wirkung gründet sich auf die Tatsache, daß seine Kunst die Sphäre des Ästhetischen überragt, indem sie die bisherigen anschaulichen Erfahrungen über Sinn und Wesen des Menschlichen in einer Weise vermehrt und vertieft, die nur durch Rembrandts Kunst erlebt werden kann. Es ist bei Rembrandt so, wie wenn man die Akkorde großer Musik hört; die Dinge nehmen eine neue Färbung und Bedeutung an, nicht weil sie sich verändert haben, sondern weil in unserem eigenen Innern ein neues Organ aufgeschlossen wurde. Dieses Moment hat ein feinfühliger Denker so ausgedrückt: „Wie bei Beethoven fühlen wir bei ihm, daß etwas von größter Bedeutsamkeit gesagt wird, das wir uns zu eigen machen sollen — aber kein Wort der Zunge kann es aussprechen.“ Und der französische Dichter Paul Claudel hat erkannt, daß die Kunst Rembrandts die Menschen zwingt, sich zu „erinnern“, in dem Doppelsinne des deutschen Wortes, das auch ein Gewahrwerden der Innerlichkeit der Dinge meint. Unter Rembrandts Hand werden die Dinge geistig transparent, und er hat die Aufhellung dieses Kerns der Dinge als den inneren Auftrag seiner Kunst erkannt, dem er seine ganze Kraft widmet.

Rembrandt gelangte dahin über die Wege der künstlerischen Phantasie, des menschlichen Gefühls und der religiösen und philosophischen Erkenntnis in einer genialen Synthese. In diesen vielfachen Brechungen der inneren Erfahrung wird die Universalität Rembrandts offenbar. Aber nicht in weltfernen Regionen ist Rembrandts künstlerische Aussage beheimatet. Die Wahrheit, die er verkündet, kommt aus seiner starken sinnlichen Anschauung. Rembrandts Spiritualität hüllt sich in die Gestalten und Formen, die seine persönliche Lebenswelt sind. Seine Kraft der künstlerischen Deutung bewährt sich an der Verwandlung des Nahen und Kleinen. Es gibt im Gesichtskreis der Kunst Rembrandts nichts, was unbedeutend oder häßlich wäre. Wohin sein Auge sich richtet, was seine Hand nachgestaltend aus Farben neu erstehen läßt, ist geadelt, jedoch nicht dadurch, daß es idealisiert, daß ihm ein fremder Glanz geliehen wird, sondern daß es durch Rembrandt entdeckt wurde in der eigentümlichen Schönheit seiner Einmaligkeit.

Rembrandt sucht das große Geheimnis des Menschlichen vor allem in seiner Nähe. Er ergreift es am unmittelbarsten im Porträt und da besonders in den Bildnissen der ihm am nächsten stehenden Menschen. Die Bilder der Eltern, der Saskia, der Hendrikje Stoffels, des Sohnes Titus und der Brüder sind monumentale Dokumente einer Darstellung begrifflich nicht erfaßbarer menschlicher Beziehungen. Das Geheimnis der Verwandlungen des Menschenantlitzes erhebt der Künstler in der langen Reihe seiner Selbstbildnisse zum Rang eines visuellen Dramas. In über hundert Selbstbildnissen hat er in seinem eigenen Gesicht nach dem Geheimnis des Menschlichen geforscht. Pinder sagt von ihnen: „Die Selbstbildnisse Rembrandts, mit diesen Worten ist etwas genannt, das auf der ganzen Welt nur ein einziges Mal sich ereignet hat — die vollständige Selbstbiographie in sichtbar gestalteter Form — die einzige der Menschheit.“

Eine überragende Bedeutung hat in Rembrandts Schaffen das religiöse Thema. Seine Religiosität steht auf der Seite der religiösen Subjektivität. Er befreit das Religiöse von allen dogmatischen Vorstellungen, indem er diese Themen ganz ins Menschliche verlegt. Sein religiöses Gefühl findet Ausdruck in der Darstellung des religiösen Menschen. „Er läßt die Erscheinungen im Zusammenhang des Irdischen ungestört, läßt dieses allenthalben Wirklichkeit bleiben, aber er zeigt die Weihe, den absoluten Wert auf, den es durch das immanente Moment der Frömmigkeit besitzt.“ (Georg Simmel) Das Religiöse nimmt bei Rembrandt auch die Form eines die Dinge verklärenden Mitgefühls an. Aus dieser Einstellung hat Rembrandt in weiten Abschnitten seines Schaffens die Darstellung des Alten und Gebrechlichen, ja sogar Häßlichen bevorzugt. In unzähligen Radierungen schilderte er die pittoresken Gestalten der Bettler und Krüppel, die zur Zeit des Dreißigjährigen Krieges die Landstraßen Hollands bevölkerten. Im unbestimmten Flimmern seiner Liniensprache gewinnt das Leid einen mystischen Glanz. Die Darstellungen des barmherzigen Samariters und des verlorenen Sohnes sind absolute Höhepunkte in Rembrandts Kunst.
Rembrandt hat durch das Medium der Farbe und des Lichtes ganz neue Aspekte der Weltschau erschlossen. Durch die innere Bewegtheit, welche die Dinge bei Rembrandt durch die Magie des Lichtes und die Schwingungen der Farben annehmen, gewinnt diese Welt des Schönen den Rang einer Wahrheit. Sie ist gültig heute und morgen, solange es Augen gibt, die empfänglich sind für die eigentümliche Mystik der Farben, wie Rembrandt sie in die Welt gebracht hat.

FRANS HALS

Das Wissen und die Teilnahme am Schaffen der großen Meister der alten Kunst erscheint und verschwindet am Horizont der Zeiten nach einem unerforschlichen Gesetz. So ist die Kunst des berühmten holländischen Malers Frans Hals um die Mitte des 19. Jahrhunderts, als sich die europäische Malerei mit viel Enthusiasmus der Natur als der einmaligen Lehrmeisterin zuwandte, wiederentdeckt worden und als ein Stern erster Ordnung aufgegangen.

Das Werk von Frans Hals repräsentiert den Geist der alten Stadt Haarlem in einer unvergleichlichen Weise. Hals war nicht in Haarlem geboren, er war mit 4 Jahren in die Stadt gekommen, als der Vater, vermutlich ein Tuchmacher aus Mecheln, in den Religionskriegen hier Zuflucht gesucht hatte. Frans Hals war mit Haarlem so verwachsen, daß er die Stadt während der 82 Jahre, die er dort lebte, fast nie verlassen hat. Er hat niemals Reisen unternommen; die bedeutenden Männer aus Holland, die er malte, mußten zu ihm nach Haarlem kommen. Er konnte sich nicht einmal entschließen, ein großes Schützenbild, das ihm die Amsterdamer in Auftrag gegeben hatten, was eine besondere Ehre war, fertigzumalen, weil ihm der Weg nach dem nahen Amsterdam unbequem geworden war. Es mußte von dem Genremaler Codde zu Ende gemalt werden.

Man kann die Seßhaftigkeit des Meisters verstehen. Die Stadt Haarlem strahlt mit ihrem alten Stadtkern, dem stolzen gotischen Bau der Grote Kerk oder St.-Bavo-Kirche inmitten der prächtigen mittelalterlichen Bauten,

Rembrandt, Bathseba

Frans Hals, Der Lautenspieler

den alten Gäßchen mit den adretten Häusern und malerischen Giebelfronten heute noch einen einzigartigen romantischen Zauber aus. Das Hals-Museum ist in dem historischen Stadtteil in einem reizvollen Bau vom Anfang des 17. Jahrhunderts — einem früheren Altmännerheim — untergebracht.

Wenn man nach dem Grund des gegenwärtig starken Interesses für die Kunst Frans Hals' fragt, die überwiegend Bildnisse von Menschen aufweist, die vor 300 Jahren gemalt wurden und deren Namen unbekannt sind oder deren Bedeutung längst vergessen ist, dann findet man zwei Erklärungen. Es ist einmal die Eigenart der Malerei, die in ihrer Lebendigkeit, Spannkraft und nervösen Sensibilität eine verwandte Seite im Empfinden der Menschen unserer Zeit anspricht. Als zweite Antwort bietet sich die Vermutung an, daß die Bildnisse des Frans Hals als Spiegelbild einer selbstbewußten Zeit, eines starken Menschentums und einer festen sozialen Ordnung die Menschen unserer Umbruchszeit, in der der Mensch selbst und seine Sinngebung fragwürdig geworden sind, in hohem Grade faszinieren.

Es ist eine gesunde und intakte Welt, die Hals gemalt hat. In der holländischen Malerei fehlen die höfische, dekorative Palastkunst und die kirchliche Malerei, der durch den Calvinismus der Boden entzogen war. Dadurch ergab sich für die holländische Malerei des 17. Jahrhunderts zwangsläufig die Hinwendung zum Genrebild, zur Landschaft und vor allem zum Porträt. Hier fand das nationale und das bürgerliche Selbstbewußtsein der kleinen, aber weltweit ausgreifenden Republik, die sich im Befreiungskampf gegen die Spanier ruhmreich bewährt hatte, einen künstlerischen Höhepunkt.

Frans Hals war das gegebene Talent für diese Sternstunde der altholländischen Porträtmalerei. Im Holland des 17. Jahrhunderts ist eine enorme Zahl von Bildnissen gemalt worden. Das Bürgertum wollte sich und seine Angehörigen in der Kunst verewigt sehen. Die flandrische Malerei liebt noble höfische Gebärden, anders das protestantische, demokratische Nordholland. Hals malt keine Kavaliere, sondern Männer, die sich im nationalen Kampf bewährt haben, Gelehrte und Geistliche, die alle auch einen kämpferischen Zug haben, wohlsituierte Bürger, die herzhaft lachen können und im Handel ihren Vorteil zu wahren wissen. Die Köpfe der Frauen, die über die steifen Halskrausen hinausragen, strahlen in der Jugend reizvolle Natürlichkeit aus, als Matronen sind ihre Züge vom Lebensbehagen oder auch vom Ernst einer puritanischen Lebensauffassung gezeichnet. Das war die Welt, in der Hals lebte, das waren seine Auftraggeber. Für ihn, selbst in dieser Welt zu Hause, war es selbstverständlich, daß er diese sittenstrengen und selbstbewußten Bürger und Frauen nicht in eine höfische Pose zwängte. Ebenso fehlt, von einigen Jugendwerken abgesehen, bei ihm jedes ruhmsprecherische oder konventionelle Beiwerk. Hals fand ein einfaches, aber geniales Mittel, die Bildnisse der Menschen, die er malte, ganz aus sich selbst heraus zur Wirkung zu bringen. Er gab seinen Porträts Lebendigkeit durch die Erfassung einer individuellen Gebärde, einer typischen Bewegung des Kopfes, der Schultern, einer bestimmten Haltung der immer ausdrucksvoll gesehenen Hände. Die bewegte Linie der breitkrempigen Hüte, ein malerischer Umhang, ein lässig gehaltener Handschuh verstärken in unauffälliger Weise die Lebendigkeit des individuellen Ausdrucks, worin Hals ein Meister ist. Man hat mit Recht gesagt, daß die Bildnismalerei immer nur da zur Blüte gelangen und die besten Meister beschäftigen wird, wo ein Volk durch eigene Kraft sich emporgearbeitet hat und zur Erkenntnis seines Wertes gekommen ist. Man kann sich leicht ausrechnen, warum die Renaissance und das alte Holland eine große Bildnismalerei hervorgebracht haben, warum auch noch das Deutschland des 19. Jahrhunderts einige bedeutende Bildnismaler besaß und warum anderseits die Bildniskunst bei uns heute so gut wie ganz fehlt. Der große Kunstkenner Wilhelm von Bode gab zu dem Phänomen der Bildnismalerei des Frans Hals eine überzeugende Formulierung, wenn er sagt: „Der ausgeprägte Individualismus seines Volkes, welches Frans Hals zum Bildnismaler schuf, ist es zugleich, den der Meister in seinen Porträts verkörpert zur Darstellung bringt, den er treffender auffaßt, geistreicher wiedergibt als irgendein Zeitgenosse seines Landes.“ Die Zeit und das Talent von Frans Hals waren sich ebenbürtig, das erklärt die Tatsache, daß seine künstlerische Entwicklung von Anfang an und anscheinend ohne alle Hindernisse steil aufwärts geht.

Die Nachrichten über die Lebensgeschichte und die menschliche Persönlichkeit Frans Hals’ sind recht spärlich. Über seine Jugend ist nichts bekannt. Er soll nach einer zeitgenössischen Quelle Schüler des Malers Manders gewesen sein; doch ist diese Lehre spurlos vorübergegangen. Nach seiner Lehrzeit bleibt Hals, wie schon erwähnt, zeitlebens in Haarlem. Er war zweimal verheiratet und hatte aus der ersten Ehe einen Sohn und aus der zweiten Ehe über zehn Kinder. Von den Söhnen waren einige nicht unbegabte Maler, aber keiner reicht auch nur annähernd an das Talent des Vaters heran. Hals war sehr bald in Haarlem ein besonders geschätzter und vielbeschäftigter Porträtmaler. Trotzdem hat er sich zeitlebens nie in guten wirtschaftlichen Verhältnissen befunden. Sicher hat die große Familie ihr Teil dazu beigetragen, indes, er war wohl auch ein echter Künstlertyp und schlechter Wirtschafter. Zeitgenossen berichten, daß er in jungen Jahren „wat lustig von leven" war, und seine Selbstbildnisse sprechen nicht gegen diese Charakteristik. Das versteckte Selbstbildnis auf einem der Schützenbilder und das kleine malerische Kabinettstück mit dem etwas schief sitzenden schwarzen Hut zeigen uns einen Mann mit sehr scharf beobachtenden Augen, aber aus den Fältchen um die Augen und den Mund zuckt es wie von Ironie und verhaltenem Lachen. Man glaubt es gern, daß dieser vitale Maler auch ein fröhlicher Zechkumpan sein konnte. Er hat öfter Schulden gemacht und seinen Besitz verpfänden müssen, und als er über 80 war, hat ihm der Magistrat von Haarlem einen Sold von 200 Gulden jährlich gewährt und dem alten Mann im Winter einige Fuhren Torf bewilligt, damit er die frierenden Hände, die einst den Pinsel so meisterlich geführt hatten, wärmen konnte. Es gereicht den Haarlemern zur Ehre, daß sie wußten, wer ihr Frans Hals war, auch dann, als in seinem langen Leben die Mode und der Kunstgeschmack seiner Zeit sich gewandelt und seine Kunst sich überlebt hatten.

Aber bleiben wir bei der Zeit seiner bedeutenden Erfolge. Wie sehr seine Kunst geschätzt wurde, geht schon aus der Tatsache hervor, daß er achtmal Aufträge zu großen Gruppenbildnissen der Schützengilden erhalten hatte — eine Anerkennung, die keinem anderen holländischen Maler zuteil wurde. Diese Gruppenbildnisse, auch Schützendoelen genannt, sind eine Spezialität der holländischen Malerei, die sonst bei keiner anderen Nation vorkommt. Auch sie sind künstlerische Dokumente des starken nationalen Selbstbewußtseins der Holländer des 17. Jahrhunderts. Man hatte diese Gruppenbildnisse prächtig herausstaffierter Schützen nicht immer und überall verstanden, doch sie sind eine ganz originale Schöpfung des holländischen Kunstwollens, und diese Motive sind geadelt durch die malerische Phantasie eines Frans Hals, der auch hier die konventionelle Steifheit der frühen holländischen Korporationsbilder durchbrochen hat, indem er die riesigen Leinwände mit bewegtem Leben und den Schönheiten seiner hier üppig schwelgenden malerischen Erfindung ausstattete. Er hat dabei den Typus des Schützenmahles geschaffen. In dem Bankett der St.-Georgs-Kompagnie aus dem Jahre 1616, dem frühesten aus der Reihe seiner Schützenbilder, sitzen die Offiziere der Gilde, angetan mit prächtigen rotblauen Schärpen, um die Tafel im Mittelpunkt, die wie ein kolossales Stilleben mit Speisen auf Zinntellern, mit Humpen und Gläsern ausgestattet ist. Eugene Fromentin, der klassische Schilderer der holländischen Malerei, sagt von diesen Halsschen Schützenbildern: „Es ist die Kunst, genau zu sein, ohne doch allzuviel zu erklären, alles in halben Worten erraten zu lassen, nichts auszulassen und doch alles Überflüssige zu unterdrücken. — Es ist der Geschmack von van Dyck, die technische Geschicklichkeit von Velasquez mit den verhundertfältigten Schwierigkeiten einer unendlich viel reicheren Palette.“ Eigentlich gilt das von dem malerischen Stil des Frans Hals in seiner Gesamtheit. Das Element des Höheren, das jede Kunst zu ihrer Würde braucht, ist bei Hals ein geradezu mystisches Eigenleben der Farbe, das seinen Realismus außerordentlich adelt. Hals malt so, wie er denkt und fühlt, gesund, vital und breit und dazu mit der unerhörten Verve einer breiten flüssigen Technik, wobei er die Pinselstriche wie Säbelhiebe führt. Diese meisterliche Technik vermag Nebensächliches summarisch anzudeuten und dabei gleichzeitig in einer Halskrause, in einer Spitzenmanschette die Illusion höchster Feinheit der Darstellung zu vermitteln.

Die großartige Freiheit der malerischen Handschrift und seines Vortrags kommt vielleicht noch augenfälliger als in seinen auftraggebundenen Bildnissen in den ins Genrehafte gehenden Bildern deftiger Volkstypen, wie der „Zigeunerin“ des Louvre, der „Malle Bobbe“, der schmutzigen Fischerjungen mit den lückenhaften Zähnen, in den oft gemalten Musikanten- und Trinkerbildern zum Ausdruck. Vielleicht bricht hier als ein Erbteil das flämische Temperament durch; er gelangt in die Nähe von Rubens, aber er übertrifft ihn gleichzeitig in der Erfassung der Unmittelbarkeit des Ausdrucks, nur Hals kann lachende Gesichter, das Lachen in allen Nuancen malen.

Fromentin hat in den vorher zitierten Sätzen dem großen Koloristen Hals sein Recht gegeben. Vincent van Gogh hat vor einem Bilde von Hals 27 verschiedene Schwarz gezählt, er nannte ihn den Koloristen der Koloristen, wie Veronese, wie Rubens, wie Delacroix. Hals war als Kolorist nicht nur der Lehrer seiner unmittelbaren Schüler, der Judith Leister, der Brüder Ostade und im weiteren Sinne des Jan Steen, des Terborch und anderer, er wurde der malerische Lehrmeister der großen Impressionisten des 19. Jahrhunderts von Manet bis Liebermann und Corinth. Das 19. Jahrhundert hat Hals als den größten Bildnismaler Hollands neben Rembrandt wiederentdeckt.

Die Entwicklung des malerischen Stils war bei Hals kometengleich aufwärts gegangen. Sein Bestes hatte er jedoch erst ganz am Ende erreicht. In den beiden letzten großen Gruppenbildern, in denen er die Regenten und die Regentessen des Altmännerhauses zwei Jahre vor seinem Tode mit 84 Jahren gemalt hat, ist von ihm alle Virtuosität abgefallen. In tastenden Pinselstrichen wird eine Ahnung von der tiefen Einsamkeit des Menschen bloßgelegt und die Region des Malerisch-Visionären betreten. Hier spricht die Malerei von Hals ihr letztes und größtes Wort.

VERMEER VAN DELFT

Hätte man zu begründen, warum wir gerade jetzt den Blick auf den großen holländischen Koloristen Vermeer van Delft hinlenken, dann brauchte man nur anzumerken, daß für eine künstlerisch tastende Zeit wie die unsere nichts erzieherischer sein kann als der Eindruck dieser Kunst, die trotz einer höchst subjektiven, man ist versucht zu sagen modern anmutenden Bewußtheit das Bild einer einzigartigen Vollkommenheit und Sicherheit bietet. Vermeer ist eine der interessantesten und rätselvollsten Erscheinungen der Kunstgeschichte. Er beweist, daß man durchaus in der Reihe bleiben und doch an geistiger Intensität und Ahnung des Kommenden seine Zeit weit überholen kann. Nach Thematik, Technik und Stil ist Vermeer nur einer unter den zahlreichen holländischen Genremalern des 17. Jahrhunderts. Allein eine ungewöhnliche Originalität des farbigen Empfindens und Sehens hebt ihn über die lokale Bedeutung seiner Schule empor und weist ihm einen Platz unter den größten Meistern der europäischen Malerei zu.

Am 31. Oktober 1632 wurde in das Taufregister der Nieuwe Kerk in Delft der Name Joannes van der Meer eingetragen. Der Vater war Reynier Jansz Vos van der Meer oder in der üblichen Zusammenziehung Vermeer genannt. Sein Beruf wird sehr verschieden als „Caffawerker“ (Seidenwirker), Kunsthändler und Gastwirt angegeben. Das Milieu dieses Vaterhauses würde überall als kunstfremd gelten, nur nicht im Holland der damaligen Zeit, denn Seide, antiquarische Dinge und das Treiben in den Schenken gehörte zur Lebenswelt der schilderungsfreudigen holländischen Malerei. Als Delfter Vermeer wird unser Meister von drei anderen Malern gleichen Namens unterschieden, die zu Utrecht und Haarlem lebten, aber zu keiner Bedeutung gelangten.

Es gibt insgesamt nur 42 Bilder, die dem Meister zuverlässig zugeschrieben werden. Sie gehören darum zu den höchstbezahlten Objekten des Kunstmarkts, mit Millionenziffern rangieren sie neben den Werken von Rembrandt, Tizian und Raffael. Dieser hohe materielle Kurswert hat wie so oft auch die Fälscher auf den Plan gerufen. Der Name Vermeer hatte in den Nachkriegsjahren durch die Aufdeckung eines neu aufgetauchten Emmaus-Bildes als Werk des Fälschers Van Meegeren eine sensationelle Popularität erlangt.

Was weiß man eigentlich von der menschlichen Persönlichkeit dieses Delfter Vermeer, dessen Kunst so kristallklar erscheint und den man trotzdem nicht zu Unrecht „die rätselhafte Sphinx der holländischen Malerei“ genannt hat, da alles Private gänzlich in dem Werk aufzugehen scheint. Die historischen Quellen über das Leben Vermeers sind sehr dünn. Zu der schon erwähnten Taufmatrikel kommt dann im Jahre 1653 die Eintragung über die Heirat mit Catharina Bol; im gleichen Jahre wurde Vermeer auch in die Delfter Malergilde als Meister aufgenommen. Die Aufnahmegebühr von 1,60 Gulden mußte teilweise gestundet werden. Vermeer war zweimal Vorsteher der Lukasgilde seiner Heimatstadt, und aus den spärlichen Nachrichten geht hervor, daß er auch als Künstler eine geschätzte Persönlichkeit war, ja einen gewissen Zeitruhm genoß, als er mit 43 Jahren im Jahre 1675 starb. Man weiß nicht, was seinen frühen Tod verursacht hat. Er hinterließ eine Witwe mit elf Kindern in sehr bedrängten Verhältnissen. Alles deutet darauf hin, daß sich seine kurze, fünfundzwanzigjährige Schaffenszeit ausschließlich in Delft in der Enge und unter drückenden Umständen abgespielt hat. Noch kurz vor seinem Tode hat er einen größeren Geldbetrag zu leihen genommen. Ein Jahr nach seinem Ableben muß seine Witwe zwei der jetzt weltberühmten Bilder für Brotschulden beim Bäcker hergeben. In einem Moratoriumsantrag aus dem Jahre 1676 erklärt sie die Gründe der Notlage der letzten Lebensjahre Vermeers dadurch, daß sie darauf hinweist, daß durch den Krieg (1672 war Ludwig XIV. in Holland eingefallen) die Aufträge ausblieben und der Kunsthandel, den der Meister begonnen hatte, so wenig florierte, daß er, um seine Kinder nicht hungern zu lassen, die erworbenen Bilder mit Verlust verkaufen mußte. Hier wird die schiefe Optik zurechtgerückt, die uns aus zeitlicher Distanz die holländische Malerei des 17. Jahrhunderts mit ihren Darstellungen eines sorglosen, deftigen Lebens bietet. In dem von der spanischen Herrschaft befreiten Holland gab es in allen Städten ein reiches und vielfältiges Kunstschaffen. Aber es müssen der Maler schon damals allzu viele gewesen sein, denn es fällt auf, daß so berühmte Maler wie van Goyen, Jacob Ruysdael, Jan Steen und viele andere sich nebenher als Schiffsreeder, Tulpenzüchter, Kunsthändler und Gastwirte betätigt haben. Es ist also kein Beweis mangelnder künstlerischer Erfolge, daß Vermeer sich auch als Kunsthändler versucht hat. Daß er stets in beengten Umständen lebte, ist gewiß nicht zuletzt seiner beispiellosen künstlerischen Gewissenhaftigkeit zuzuschreiben. Es ist falsch, wenn gesagt wurde, Vermeer war trotz seiner hohen Begabung von einer erstaunlichen Unproduktivität. Richtig ist, daß er sicher unendlich lange an jedem seiner

Bilder arbeitete, bis es jene technische und künstlerische Geschliffenheit hatte, vor der wir wie vor einem Wunder stehen. Unter den holländischen Feinmalern ist Vermeer ein Superlativ, der „Feinstmaler". Bei dieser Gewissenhaftigkeit lebte er von der Staffelei in den Mund. Das geht aus einem Reisebericht des bekannten französischen Diplomaten und Kunstsammlers Herrn von Moncony hervor, der im Jahre 1663 Vermeer in Holland aufsuchte, aber kein einziges Bild in seiner Werkstatt vorfand. Er wurde zu einem Bäcker geführt, welcher das letzte Bild Vermeers für 300 Gulden, einen für damalige Verhältnisse durchaus stattlichen Preis, gekauft hatte.

Diese fanatische Gewissenhaftigkeit in der Arbeit ist der einzige menschliche Zug, den wir mit Sicherheit an Vermeer kennen. Keine Dokumente, keine Zeile seiner Hand, keine Nachrichten von Zeitgenossen verraten uns, wie der Mensch Vermeer war, ob heiteren oder melancholischen Temperamentes, ein Grübler oder ein lebensfroher Bürger. Auch in der Frage der künstlerischen Herkunft und Entwicklung ist man ganz auf Vermutungen angewiesen, denn wer Vermeers Lehrer war, ist unbekannt. Daß er bei dem genialen, früh verstorbenen Ateliergenossen Rembrandts, Carel Fabritius, gelernt hat, wurde oft vermutet. Der Wiederentdecker Vermeers im 19. Jahrhundert, Bürger-Thoré, ist der Meinung, daß die Frühwerke Vermeers, wie das berühmte Meisterwerk des Vierundzwanzigjährigen „Die Kupplerin" in der Dresdner Galerie, ohne eine direkte Schülerschaft bei Rembrandt nicht denkbar sind. Ob und wie dieser Meinungsstreit der Kunstwissenschaft auch einmal entschieden wird, sicher ist, daß von allen Schülern und Nachfolgern des großen Magiers des Lichtes Vermeer derjenige ist, der zu höchster Originalität ge-

langte. Nur ganz zu Anfang wie in der „Kupplerin“ mit dem unvergeßlichen Gelb-Rot-Akkord folgt Vermeer dem tonigen Helldunkelkolorit Rembrandts. Sonst liebt er in allen seinen Bildern das silbrig kühle Licht des Tages, das alle Schatten aufhellt. Seine Figuren in einfachen Posen des Briefschreibens, des Kämmens, des Musizierens, einzeln oder zu zweien, stehen und sitzen in Räumen, in die aus seitlichen Fenstern ein gedämpftes Tageslicht fällt. Wie eine leise Melodie umspielt dieses weiche, diffuse Licht die Gestalten, die, in sich versunken, Träger des Stimmungsgehaltes des Raumes sind. Aus dem perlgrauen Grundton klingen dann in feinster Abgewogenheit wie leuchtende Edelsteine die strahlenden Farben der Gewänder oder des dekorativen Beiwerks. Blau ist Vermeers Lieblingsfarbe, sie dämmert geheimnisvoll in den Schatten und Halbschatten seiner Bilder und gibt den Helligkeiten, vornehmlich seinen Weißtönen, eine besonders feine Note. Diesem „mondscheinduftigen“ Blau stellt Vermeer ein lichtes Gelb als komplementäre Farbe gegenüber. Er kostet diesen Kontrast mit einer Variationsfähigkeit aus, die höchste Musikalität in Farben bedeutet.
Diese Farbwirkungen erzielt Vermeer mit einer einzigartigen Technik. Seine Inkarnattöne sind, wie treffend gesagt wurde, „wie mit gestampftem Perlenstaub gemalt“. Durch den pastosen Farbauftrag und die körnige Struktur der Farben in den Lichtpartien verbindet er den Farbkörper dem Leben des bewegten Lichtes. Er ist der erste Pointillist, zweihundert Jahre bevor diese Sehweise ein Programm wurde. Doch die Brillanz des Malerischen ist nur eine Seite der Kunst Vermeers, denn seine Größe besteht in einer ungewöhnlichen Genauigkeit des farbigen Sehens, in der Fähigkeit, durch eine Totalität aller bild-

haften Elemente die Poesie der Dinge sprechen zu lassen. In der Harmonie von Farbe und Form wird eine Seelenruhe und Größe sichtbar, die sich dem Betrachter als besondere Kostbarkeit mitteilt. Dazu kommt, daß vorher nie gesehene Farbengedanken den Gehalt seiner Gemälde bestimmen. Vermeers Bilder, in denen sich der Mensch mit dem Raum und den Dingen in edler Intimität vereinigt, sind ein Inbegriff stillen Lebens in einer malerischen Ausdrucksform, in der die sinnliche Qualität der Farben sich in wunderbarer Weise vergeistigt hat.
Eine einfache Milchmagd, eine Frau mit einer Kette vor dem Spiegel, eine Briefschreiberin sind vielleicht noch nie so monumental einfach und so rein als Sinnbild gesammelten Seins gemalt worden. Auch die fünf überraschenden Frauenbildnisse im Werk Vermeers sind auf diesen Grundton gestimmt. Man wollte lange nicht glauben, daß die so unmittelbar gesehenen und ganz aus der Konvention heraustretenden Bildnisse wie das des Mädchens mit dem großen schwarzen Hut in der Sammlung Thyssen in Lugano, das Frauenporträt mit dem leuchtend roten Federhut in der Sammlung Melon und die Flötenspielerin Gemälde eines Meisters des 17. Jahrhunderts sind. Das suggestivste Werk der Reihe ist jedoch das Bildnis des blassen Mädchens aus dem Mauritshuis in den Haag mit fragenden großen Augen unter dem blauen Kopftuch, dessen gradlinig strenge Falten die Grazilität des Kopfes so bewußt steigern. Die Franzosen haben dieses Meisterwerk bezeichnenderweise „La Gioconde du Nord“ genannt.
Zu den populärsten Werken Vermeers gehören die Bilder der sogenannten Astronomen in der Frankfurter Galerie und in der Pariser Sammlung Rothschild. Sie repräsentieren Vermeers reifsten Spätstil. Alles ist hier der Stimmung

des Ganzen untergeordnet. Die malerische Technik ist emailhaft fein wie durchsichtiges Porzellan. Auf dem Pariser Bilde bewegt die feine Hand des Gelehrten lautlos den Himmelsglobus; die Harmonie, welche diese lichtdurchflutete Gelehrtenklause ausstrahlt, erzählt von dem Weben einer kosmische Welten umspannenden Geistigkeit. So unbarock Vermeer sonst ist, sosehr spricht die Idee der geistigen Universalität des Barockzeitalters aus diesem Bilde. Wie sehr Vermeer in seinen Spätwerken die subtile malerische Anschauung und Technik der alten Niederländer des 15. Jahrhunderts fortsetzt, ist wenig beachtet worden. Das wunderbarste Beispiel dieses vergeistigten Realismus, der zum nationalen Grundcharakter der holländischen Kunst gehört, ist das berühmte Bild des „Malers im Atelier". Schon nach zeitgenössischen Quellen erscheint das Bild als ein höchst originelles Selbstbildnis des Meisters. Auch hier kommt die Tendenz des Sich-im-Werk-Verbergens dadurch zum Ausdruck, daß der Maler sich vom Rücken her darstellt. Und auch sonst ist das Bild reich an feiner Ironie, indem Vermeer durch das lorbeerbekränzte Modell, das die Göttin der Geschichte darstellen soll, in geistreicher Weise die pathetische Historienmalerei des Barock persifliert. Dieses Werk, eine der reinsten Perlen der europäischen Malerei, gehörte über 150 Jahre der Familie der Grafen Czernin in Wien. Einer der Czernins hatte es im Jahre 1815 mit der falschen Signatur eines Pieter de Hooch um 50 Gulden bei einem Sattler erworben. Hitler hatte das Bild seinerzeit für 2 Millionen Mark für das Museum in Linz angekauft. Es wurde nach dem Kriege dann wieder enteignet und ist für einen Riesenbetrag nach Amerika verkauft worden.

Obwohl schon aus alten Auktionsberichten des 18. Jahrhunderts ersichtlich ist, daß der Rang und der Wert der Vermeerschen Kunst bekannt war, verschwand sein Name völlig aus der Kunstgeschichte. Man hatte dem Meister seine Persönlichkeit genommen, denn seine größten Werke wurden durch 200 Jahre dem viel kleineren Maler Pieter de Hooch zugeschrieben. Erst ein französischer Kunstschriftsteller, Theophile Thoré, der unter dem Namen Bürger schrieb, hat vor der Stadtansicht von Delft in der Haager Galerie Vermeers künstlerischen Rang wiederentdeckt. Seitdem ist sein Ruhm als der eines der großen Ahnen des modernen Kolorismus immer mehr gewachsen. Im Jahre 1907 hat Hofstede de Groot, der große Kenner der holländischen Kunst, das wissenschaftlich-kritische Verzeichnis der Werke Vermeers veröffentlicht, das erst eine zuverlässige Grundlage für die Wiedererstellung der über 200 Jahre vergessenen Gestalt des Künstlers bildete.

Vermeer ist einer der ersten, der die Neuzeit der europäischen Malerei einleitet, da er die Farbe als ein von stofflichen und begrifflichen Komponenten befreites Ausdrucksmittel erkannt hat. Aber nicht aus der Willkür, sondern aus der höchsten Vertiefung der Anschauung der Wirklichkeit erhebt sich seine malerische Phantasie in neue Welten der Empfindung. Diese Freiheit aus Bindung manifestiert sich in einer malerischen Form von kristallischer Klarheit. Welche Erfahrung wäre unserer im spekulativen Sinne belasteten Zeit nützlicher als das Beispiel dieser edlen künstlerischen Naivität, die im Sinne des Dichterwortes „Am farbigen Abglanz haben wir das Leben“ das Weltwunder begreift!

CARL BLECHEN

Ein Entdecker des malerischen Lichts

Die Romantik hat den Begriff des „Originalgenies“ geprägt; er wurde zuerst 1759 in England gebraucht für einen Künstlertypus, der aus eigener Kraft seinen Stil gegen alle Regeln und Konventionen gestaltet. Den Namen eines Originalgenies verdient, wie wenige andere Künstler, der Maler Carl Blechen.

Blechen erscheint uns als eine der faszinierendsten Persönlichkeiten unter den Malern des 19. Jahrhunderts. Er war eine sehr modern anmutende künstlerische Doppelnatur, die in sich sowohl die schwärmerische Phantastik des Romantischen als auch ein in der Zeit neues, sinnlich realistisches Naturerlebnis vereinte.

Carl Blechen wurde am 29. Juli 1798 in der Familie eines unbemittelten Steuerbeamten in dem märkischen Kreisstädtchen Cottbus geboren. Trotz früher künstlerischer Neigungen muß er auf Grund der finanziellen Lage der Familie als Lehrling in ein Handelskontor in Berlin eintreten. Später, als Disponent in einem Berliner Bankhaus, zeichnet er in seiner Freizeit bis spät in die Nacht; erst 1822 glückt es ihm mit Hilfe eines Stipendiums, zum Künstlerberuf hinüberzuwechseln und das Studium an der Akademie zu beginnen. Der Unterricht in der Landschaftsmalerei an der Akademie wurde damals noch nach den strengen Regeln der Vedutenmalerei im klassischen Stil betrieben. Ein wacher künstlerischer Instinkt wies den jungen Blechen aber bald in eine andere Richtung. Es war zu ihm wohl die Kunde von einer neuen künstlerischen Schule der romantischen Landschaftskunst in Dresden gedrungen.

Vermeer van Delft, Das Mädchen mit dem Weinglas

Carl Blechen, Kloster Santa Scholastika bei Subiaco

Dahin geeilt, machte er 1823 die persönliche Bekanntschaft des aus Norwegen stammenden J. Ch. Clausen Dahl, der mit Caspar David Friedrich die neue romantische Richtung der Landschaftsmalerei vertrat. Die Bekanntschaft verwandelte sich bald in eine persönliche Freundschaft, und bei der engen Beziehung Dahls zu C. D. Friedrich ist anzunehmen, daß Blechen auch mit diesem in Berührung gekommen war. Der kurze Dresdner Aufenthalt, dem sich Studienfahrten ins romantische Elbsandsteingebirge anschlossen, befreite ihn von der Auffassung der Landschaftsmalerei als Vedute, als Wiedergabe einer „schönen Ansicht", und er fühlte, daß das Ziel der Romantiker, das innere Erlebnis der Natur durch die Landschaft auszudrücken, für das der Kunstphilosoph der Romantik Carus den Begriff der „Erdlebenbildkunst" geprägt hatte, auch seinem eigenen künstlerischen Wollen entsprach. Aber auch ein zweites Element seiner Natur meldete sich zu Wort. Obwohl er als begeisterter Anhänger Dahls und C. D. Friedrichs nach Berlin zurückgekehrt war, verraten seine neuen Arbeiten, die sich immer mehr auf das innige Studium der Natur gründen, daß er einer neuen Generation angehört, der die pathetische Tendenz der romantischen Naturansicht nicht mehr restlos entspricht. Die damals von Blechen gemalten Bilder, stimmungsvolle winterliche und nächtliche Motive in der Art C. D. Friedrichs, sind trotz des Hauches poetischer Schwermut keine pathetischen Landschaften. Der Schritt zu neuen künstlerischen Ufern erfuhr allerdings eine Verzögerung, vermutlich aus wirtschaftlichen Gründen.

Der berühmte Architekt Friedrich Schinkel, der sich zeitweise auch mit Theaterentwürfen beschäftigte, verhalf Blechen zu einer Anstellung als Bühnenmaler am neueröffneten Königstädtischen Theater in Berlin. Zur Theaterdekorationsmalerei haben Blechen eine große Leichtigkeit der malerischen Handschrift und eine ungewöhnliche bildhafte Vorstellungsgabe befähigt. Bezeichnend ist, was Schinkel über ein Erlebnis mit Blechen niederschrieb: „Gestern war der junge Blechen wieder in meinem Atelier, er bewunderte eine Dekoration, die ich für die hiesige Oper entworfen habe und die ein venezianisches Patrizierhaus darstellt. Plötzlich griff Blechen nach einem Pinsel, drückte ihn in meine teuere Sepia und sagte, indem er nach einem Bogen Papier zu seinen Füßen griff: ‚Ich sehe jetzt Venedig vor mir. Wenn ich auch einmal dort sein könnte!‘ Und sogleich warf er ein Bild des großen Kanals und der Salutenkirche auf das Blatt.“ Es war eine freie Wiedergabe eines Gemäldes von Guardi, die Blechen hier mit spielender Leichtigkeit aus dem Gedächtnis gestaltete. Blechen hat am Theater Dekorationen für die Opern von Weber, Mozart und Rossini gemalt; es hat sich ein dekorativ-schwungvolles Element noch in seinem reifen malerischen Stil erhalten. Der Abschluß der Tätigkeit am Theater 1827 ergab sich aus dem inneren Zwang, der die Verwirklichung der eigenen künstlerischen Ziele forderte.

Die aufgestaute schöpferische Kraft entlud sich zunächst in einem Bild mit dem Titel „Semnonenlager“, das den Aufbruch des germanischen Stammes aus seinem Lager in der märkischen Landschaft gegen den Andrang der Römer in einer meisterlich ausgewogenen Komposition von Landschaft und Figuren darstellt. Die Ausstellung des Bildes 1828 wurde ein Erfolg. Fontane hat in einem Aufsatz das Bild begeistert gelobt und Blechen „den Vater der märkischen Landschaftsmalerei" genannt. Es folgen Landschaftsstudien auf Rügen, und hier kündigt sich erstmals jener flüssige malerische Stil Blechens an, welcher der romantischen Auffassung ein neues Element naiven sinnlichen Naturerlebens hinzufügt.

Durch den Verkauf des „Semnonenlagers" konnte Blechen seinen lang gehegten Wunsch einer Italienreise verwirklichen und Anfang Dezember 1828 die Fahrt nach Rom antreten. Im Frühsommer ging es weiter nach Neapel, und von dort umfuhr er den ganzen Süden Italiens in einer Barke. In Pompeji, Sorrent, Amalfi, Salerno und Paestum hielt er das unerhört Neue der Eindrücke in einer Fülle von Sepia-Zeichnungen und Ölstudien fest. Wie berauscht von den Lichtwirkungen der südlichen Sonne, vollzieht er hier den endgültigen Durchbruch zur Freilichtmalerei. Er erweist sich als das „Originalgenie", das der südlichen Landschaft entgegen allen klassizistischen Konventionen ohne alle Schönfärberei entgegentritt. Sein Auge war ungetrübt, zu sehen, daß die idealen Landschaften wenig mit der wahren Natur Italiens gemein haben. Er erblickte nicht nur die glitzernde Atmosphäre über tiefblauen Meeresküsten, ihm entgingen auch nicht die nackten Bergzüge, die ockergelben, von der Sonne versengten Landstriche, das fahle Grau der Olivenhaine, aber er bemerkte ebenso die monumentalen Linien dieser von gleißender Helligkeit erfüllten Landschaft. Nach Hause zurückgekehrt, gestaltete er nach diesen Italienstudien in zahlreichen Gemälden sein Italienerlebnis und stieß dabei in ein künstlerisches Neuland vor: die Wiedergabe von Sonne und Licht allein aus der Farbe heraus. Man hat in neuerer Zeit entdeckt, daß Blechen sich in seiner neuartigen malerischen Auffassung mit dem großen englischen Koloristen Turner berührt, und es ist nicht unwahrscheinlich, daß er diesem, der sich 1829 noch in Italien aufhielt, dort persönlich begegnet ist.

Blechens Italienbilder, die in unseren Tagen den Stolz jeden Museums bilden, fanden wegen ihrer ungewohnten Sehweise in Berlin eine zwiespältige Aufnahme. Die offizielle Kunstkritik lehnte sie als „verkleckst“ und unausgeführt ab. Eine kleine Gruppe von Kennern wußte um ihren Wert, zu ihr gehörte vor allem Schinkel. Vermutlich hat er es vermittelt, daß Blechen für König Wilhelm III. jene heute berühmten Bilder des orientalischen Palmengartens auf der Pfaueninsel in Potsdam malen konnte, die in ihrem wunderbaren farbigen Reichtum zu den Perlen der Malerei des 19. Jahrhunderts zählen.

Blechen erhielt eine Professur an der Berliner Akademie für Landschaftsmalerei, und er übte hier während einer Anzahl von Jahren eine erfolgreiche Lehrtätigkeit aus. Mit seinen Schülern war er hinausgezogen in die märkische Natur mit ihren Wäldern und Seen, und er selbst wählte immer häufiger seine Bilder aus diesem Motivkreis. Bilder einer Harzreise fangen den ganzen Zauber des sommerlichen deutschen Waldes ein. Er bleibt jedoch auch da ein echter Romantiker; typisch ist dafür sein berühmtes Bild „Badende in einem Gebirgsbach“. Das geheimnisvolle Weben von Licht und Farbe kleidet das Motiv in einen poetisch-märchenhaften Zauber.

Am weitesten seiner Zeit vorausgeeilt ist Blechen in

einer Anzahl von Bildern, die erst viel später bekannt wurden. Der Wirklichkeitssinn des echten Märkers prägte sich in Motiven seiner nächsten Umwelt in einer erstaunlich neuartigen Anschauung aus. Er malte als erster in der Kunst des 19. Jahrhunderts ein profanes Industriemotiv, ein Hammerwerk mit rauchenden Essen. Es wäre indessen ein Irrtum, wollte man Blechen als Schrittmacher des modernen illusionslosen Realismus einstufen. Romantisches Empfinden und Realismus sind in Blechens genialer Natur kein Widerspruch. Er sieht die Natur und das Werk der Menschenhand in ihr unter dem gleichen großen malerischen Gesichtspunkt als Äußerung des einen und allgemeinen Weltgeistes. Als diese und ähnliche Gemälde Blechens mit den Werken der anderen Maler der Romantik in der Jahrhundertausstellung von 1906 in Berlin eine Wiederentdeckung erlebten, nannte man ihn nicht zu Unrecht einen „Menzel vor Menzel".

In einer ungewöhnlichen Konzentration der Kräfte umfaßt das Schaffen Blechens den knappen Zeitraum von wenig mehr als zehn Jahren. Ob Erschöpfung oder tiefe Enttäuschung über mangelndes Verständnis die Ursache dafür waren, daß auf seine letzten Lebensjahre der Schatten geistiger Umnachtung fiel, bleibt für immer ein Rätsel. Bettina von Arnim, die sich bemühte, Blechen in seinem Leiden beizustehen, schrieb: „Und das Licht, das aus seinem Pinsel strömte, sollte das bloße Fiktion sein und keine Wahrheit?" Die Nachwelt hat bestätigt, daß Blechen der Entdecker einer malerischen Wahrheit war, die erst viele Jahrzehnte später zu einer stilbildenden Anschauung wurde. Carl Blechen starb am 23. Juli 1840, erst 42 Jahre alt.

CARL SPITZWEG

Der Maler-Dichter

Carl Spitzwegs Malerei hat — ein seltener Fall der Kunstgeschichte — von seinen Lebzeiten her eine ununterbrochene Wertschätzung genossen. Man hat ihn zu den Kleinmeistern und Spezialisten eines bestimmten Genres der Malerei gezählt, und seine Einmaligkeit in diesem Bereich wurde niemals bestritten. Spitzwegs Kunst hatte beim breiten Publikum immer rückhaltlose Sympathien gefunden. Nur pedantische Kunstwissenschafter glaubten behaupten zu müssen, daß die Popularität der Kunst Spitzwegs hauptsächlich auf der Tatsache beruht, daß seine Bilder etwas erzählen, daß sie „literarisch" sind. Das ist nur zu einem Teil richtig. Die große Popularität Spitzwegs hat eine tiefere Wurzel. Diese erkannte Fritz Burger, der 1916 gefallene, hochbegabte Kunstschriftsteller, mit sicherem Instinkt, wenn er feststellte: „Spitzweg hat wie Menzel keine Feinde, weil er kein Prophet gewesen ist, kein Weltverbesserer und Schulmeister." Die Tatsache, daß Spitzwegs Kunst nichts Dogmatisches, nichts Lautes und Agitatorisches enthält, macht sie heute mehr denn je zu einer seelischen Oase.

Spitzwegs Malerei hat sich ihre Anerkennung nicht nur durch alle Stil- und Geschmackswandlungen des letzten Halbjahrhunderts bewahrt, sondern ihr künstlerisches Ansehen ist seit der Jahrhundertausstellung im Jahre 1906, wo die Kritik begriff, daß dieser Künstler nicht nur ein gemütvoller Kleinmeister, sondern einer der bedeutendsten Koloristen seiner Zeit war, stetig gewachsen.

Sein Stil und seine menschliche Persönlichkeit sind der

Beweis, daß künstlerische Größe nichts mit Pathos und feierlicher Attitüde zu tun hat. Spitzwegs künstlerische Entwicklung hat noch nichts von jenen dramatischen Spannungen, die im späten 19. Jahrhundert obligatorisch wurden.

Er wurde am 5. Februar 1808 in München in der Neuhauser Straße, ganz dicht unter den Türmen der Frauenkirche, geboren. Der Vater, ein wohlhabender Kaufmann, hatte den Sohn zum Beruf des Apothekers bestimmt. Nach Absolvieren der Lateinschule wurde er als Lehrling in die Hofapotheke gesteckt, die damals noch der berühmte Pettenkofer leitete. Nach der Auslehre war er zwei Jahre in Straubing und legte nach dem Studium an der Universität München das Pharmazeutenexamen mit Auszeichnung ab.

Es war scheinbar der Zufall, der Spitzweg zur Malerei führte. Zur Wiederherstellung nach einer Typhuserkrankung kam er in einen Kurort des bayrischen Voralpenlandes. Der leitende Arzt dieses Kurheims war nicht nur sehr kunstbegeistert, sondern offenbar ein Pionier der psychotherapeutischen Kurmethoden, denn er veranstaltete unter den Patienten kleine Zeichenwettbewerbe. Dabei fiel der schmale Apotheker Spitzweg durch seine sehr begabten Zeichnungen auf. Der begeisterte Arzt brachte ihn in Beziehung zu einigen Münchener Malern, die sich zum Landschaftsstudium im nahen Polling aufhielten. Der heute berühmte Landschaftsmaler Eduard Schleich war dabei und ein Hamburger Maler Hansonn, der Spitzweg riet, den Malerberuf zu ergreifen, und ihm die ersten Anleitungen gab. Der Fünfundzwanzigjährige fühlte sich aber zu einem Akademiestudium schon zu alt, und so wurde die Pinakothek in München seine Akademie, indem er hier vor allem Werke der holländischen Kleinmeister kopierte. Aus dieser Kopistenzeit stammt bei Spitzweg die bis in seine Spätwerke nachweisbare innere Beziehung zur Malkultur der Holländer, vor allem zu Adrian van Ostade. Das bescheidene Vermögen, das ihm der früh verstorbene Vater hinterlassen hatte, erlaubte Spitzweg, sein autodidaktisches Studium mit viel Gründlichkeit zu betreiben. Seine Neigung gehörte ursprünglich jedoch der Zeichnung, und er hat in seinen Anfängen für die „Fliegenden Blätter" und andere Zeitschriften illustriert. Für seine Entwicklung zum Maler waren zwei Reisen entscheidend. Die eine führte ihn nach Venedig, wo er die großen Koloristen dieser Stadt von Tizian bis Guardi erlebte, die andere mit Eduard Schleich zusammen im Jahre 1851 nach Paris. Hier hatte die neue Malerschule Frankreichs, die sich gegen den Klassizismus stellte, mit dem realistischen Maler von Barbizon und dem Romantiker Delacroix die ersten Ausstellungssiege errungen. Dieses neue malerische Sehen hat Spitzweg den Anstoß zu jener feinen malerischen Naturbeobachtung gegeben, die seinen poetischen Bildthemen erst den Reiz der Wahrheit verleiht. Es ist indessen nicht so, daß er Fremdes einfach übernahm und ein Epigone wurde, vielmehr hatten die großen französischen Koloristen ihm den Sinn für die in ihm schlummernden Anlagen geöffnet. Es spricht für die Stärke seiner Persönlichkeit, daß er sich nicht heroischen Stoffen wie Delacroix zuwandte, sondern nach München zurückkehrte und in der sicheren Erkenntnis seiner Grenzen und seiner Eigenart sich sein beschauliches Leben und seine eigene Bildwelt aufbaute.

Spitzweg hat dann München fünfunddreißig Jahre lang nicht mehr verlassen, abgesehen von seinen sommerlichen Exkursionen nach Franken, Oberbayern und Tirol, und hat weit über tausend jener Bilder gemalt, deren Gegenstände, einer romantischen Phantasie entsprungen, sich vom Märchen bis zur humorvollen Idylle erstrecken. Allein von seiner Themenwelt her betrachtet, ist Spitzweg neben Moritz von Schwind, mit dem er ein Leben lang eng befreundet war, der künstlerisch stärkste Vertreter einer typisch süddeutschen Spätblüte der Romantik. Er steht nahe bei Mörike und Schubert, und seine Kunst ist geistesverwandt der Lebensweisheit Jean Pauls.

Romantisch ist seine Hinneigung zum Märchen, jener Verbindung von Traum und Wirklichkeit, welche die Phantasie der deutschen Künstler besonders beflügelt hat. In seinen köstlichen Bildern mit dem Hexenmeister in der Drachenschlucht, den Kobolden und Nymphen ist Spitzweg einer der echtesten Repräsentanten der romantischen Märchenphantasie. Romantisch ist auch die zurückgewandte Sehnsucht in eine vergangene Zeit. Für Spitzweg ist es die biedermeierliche Welt der vormärzlichen Zeit. Er wird nicht müde, das Glück ihrer feinen Besinnlichkeit anschaulich zu machen, deren geruhsamen Charakter er liebevoll belächelt. In dieser kauzigen Welt nisten die Vögel in den Kanonenrohren, und die gähnende Schildwache verkürzt sich die Zeit mit harmlosem Strümpfestricken. Die friedlichen Stadtsoldaten und Nachtwächter sind nur dazu da, dekorative Flecken in der pittoresken Kleinstadtkulisse zu bilden, und ebenso scheint der Briefträger in der farbenfrohen Thurn-und-Taxis-Uniform nur Liebesbriefe zu befördern. Der ganze Zauber der verklungenen biedermeierlichen Kleinstadtromantik ist in dem „Mondscheinständchen“ und der „Aufziehenden Scharwache“ eingefangen.

Neben den vielfigurigen Szenen der frühen Zeit ist ein späteres Lieblingsthema Spitzwegs die Einzelfigur, stimmungsvoll in feinbeobachtete Räume gestellt. Er liebt die Originale und Sonderlinge, den „Kakteenfreund“, den „Bücherwurm“, dem, hoch oben auf der Leiter in dicke Folianten vertieft, die Welt versunken ist, den „Alchimisten“ vor der Retorte, den „Sterngucker“ und wie sie alle heißen, diese liebenswerten Käuze, die uns in ihrer leise pointierten Komik ein Lächeln abzwingen. Das Gemeinsame an ihnen ist das stille Anschauen; diese Besinnlichkeit verrät gewissermaßen die Familienähnlichkeit aller Spitzwegschen Figuren, sie ist Spitzwegs philosophisches Programm.

In den Fragmenten des Romantikers Novalis steht das Wort: „Menschheit ist eine humoristische Rolle.“ Der Maler-Romantiker Spitzweg hat dieses philosophische Wort offenbar als Devise über sein Schaffen geschrieben, denn er veranschaulicht in seinen malerischen Idyllen die Lebensweisheit, daß zur Menschlichkeit eine Portion jenes echten Humors gehört, in dem sich geistige Freiheit und Überlegenheit manifestieren. Es ist deshalb ein Mißverständnis, zu glauben, daß in Spitzwegs Bildern sich die Freude am Philiströsen auslebt. Der Meister ist im Gegenteil ein scharfer Beobachter, begabt mit liebevoller Ironie ohne sarkastische Schärfe, weil sie im Grunde Selbstironie ist. Alle die Originale, die er malt, sind versteckte Selbstbildnisse, jedoch auch Sinnbilder von allgemeinmenschlicher Gültigkeit, vielleicht auch Wunschbilder, Ratschläge eines feinen philosophischen Kopfes, der uns sagt, daß es gut und menschlich ist, besinnlich zu sein. Spitzwegs Herz steckt in seinem Pinselstrich. Seine gemalte Welt hat ein eigenes seelisches Klima.

In allen humorvollen Schilderungen und Idyllen hat Spitzweg aber nie die seine Gestaltungen künstlerisch überhöhenden malerischen Probleme aus dem Auge verloren. Als er 1851 aus Paris zurückkehrte, gewann seine Malerei jene Lebendigkeit der Atmosphäre und des Lichtes, die seinen Bildern ein zauberhaftes Fluidum verleiht. Seine Romantik ist aus dem Zauber der Farbe entwickelt, und die meisten seiner Darstellungen scheinen aus einer malerischen Vision geboren, die zuerst da war und für die erst nachher ein gegenständliches Thema gefunden wurde. Je älter der Meister wird, um so mehr treibt er malerische Kammermusik. Ein ganz eigenes und großes Kapitel stellt seine Landschaftsmalerei dar. Er gehört mit Eduard Schleich zu den Entdeckern des süddeutschen Landschaftsrealismus in einer Zeit, da der Klassizismus der Akademien das Landschaftsmalen verpönt hatte. Er ist ein Meister der Waldstimmungen, und hier entfaltet sich seine malerisch-romantische Phantasie zu unvergleichlicher Eigenart. Man hat einmal geglaubt, wegen der malerischen Lockerheit seiner Spätwerke in Spitzweg einen Vorläufer des Impressionismus erblicken zu können. Das ist nicht berechtigt, denn niemals geht Spitzweg von einem momentanen malerischen Eindruck aus; alle farbige Wirkung ist bei ihm, wenn auch nicht immer gleich erkennbar, das Resultat einer innerlich geschauten, bildhaften Vorstellungswelt. Es ist bezeichnend, daß Spitzweg zwar viel vor der Natur gezeichnet und skizziert, doch alle seine Bilder im Atelier gemalt, das heißt als ein bewußtes Farbgefüge gestaltet hat. Der scheinbar philiströse Außenseiter war als Maler ein großer Europäer. Er hatte ganz still für sich eine ebenso reiche wie freie malerische Ausdrucksform gefunden, die, wie wir heute sehen, einen der feinsten und selbständigsten Beiträge zur Malerei des 19. Jahrhunderts in Deutschland leistet. Spitzweg lebte sein Leben als eine Art Sonderling, dank seinem kleinen Wohlstand still für sich und ohne alle äußeren Sensationen. Ein tragisch verlaufenes Liebeserlebnis in der Jugend veranlaßte ihn, Junggeselle zu bleiben. Er starb recht einsam am 23. September 1885. Zu äußeren Ehren und Anerkennungen war er nicht gelangt. Nachdem eines seiner ersten Bilder, „Der arme Poet", in der Kunstvereinsausstellung abgelehnt worden war und später eingereichte Bilder schlecht gehängt wurden, hatte er sich vom offiziellen Kunstbetrieb ganz zurückgezogen. Trotzdem hatte schon zu Lebzeiten seine Malerei bei einem Kreis von Kennern eine hohe Wertschätzung erlangt, denn er verkaufte, wie aus seinen peinlich genau geführten Tagebüchern hervorgeht, über 450 Bilder. Er war unendlich fleißig, denn in seinem Nachlaß fanden sich noch an tausend Bilder und Zeichnungen. Seine Kunst fand keine Schüler, aber schon früh Nachahmer.

Von Spitzwegs Bildern strömt eine herzerwärmende Stimmung aus. Der Maler-Romantiker läßt uns in ein Paradies humorvoller Beschaulichkeit eintreten, aus dem der gehetzte, von Neurosen gequälte moderne Mensch vertrieben wurde.

ADOLPH MENZEL

Ein Genie künstlerischer Sachlichkeit

Menzel stellt in der Kunst des 19. Jahrhunderts ein Phänomen ganz eigener Art dar; er hat der Historienmalerei, die in einem theatralischen Akademismus erstarrt war, zu neuem künsterischem Leben verholfen. Die genial zu nennende Tat des jungen Menzel, für das historische Stoffgebiet eine neue, unverbrauchte künstlerische Form zu finden, konnte nur einem Außenseiter der herrschenden akademischen Auffassung gelingen, wie es Menzel war.

Der Weg zu dieser kunstgeschichtlich herausragenden Leistung war ebenso ungewöhnlich wie dornenvoll. In Breslau am 8. Dezember 1815 geboren, war Menzel 1830 als Fünfzehnjähriger mit der ganzen Familie nach Berlin gekommen, als der Vater — ursprünglich von Beruf Lehrer, aber ein technisch und künstlerisch regsamer Kopf — in Berlin eine kleine Lithographenwerkstatt eröffnete. Die Kunst der Lithographie war damals noch neu; Menzels Vater versprach sich für die Familie einen wirtschaftlichen Aufstieg, und nicht zuletzt sollte das früh zutage getretene Zeichentalent des Sohnes Adolph hier in Berlin eine bessere Ausbildung erfahren. Wie es dann tatsächlich kam, hat Menzel in einer biographischen Notiz aus späteren Jahren geschildert: „An einem gewissen Tage des Jahres 1832 sprach ein waltendes Geschick zu mir: Zur Ehe eignest du dich zwar noch nicht, aber zum Familienoberhaupt bist du gut genug, sprach's und nahm meinen Vater dahin." Menzel schloß diesen Bericht mit der vielsagenden Bemerkung:

„Jetzt sag ich wohl auch: Gesegnet seien die Wetter des Lebens! — Ich wünsche sie aber keinem."

Der siebzehnjährige Menzel stand nun vor der Notwendigkeit, die kränkelnde Mutter und zwei jüngere Geschwister mit seinem noch unzulänglich ausgebildeten zeichnerischen Können zu ernähren. Er stürzte sich notgedrungen auf die damals üblichen Gelegenheitsarbeiten; er entwarf und lithographierte Fest- und Geburtstagsadressen und was eben der Betrieb einer lithographischen Werkstatt forderte. Schon in dieser Anfangszeit wird eine der hervorstechendsten Charaktereigenschaften Menzels sichtbar. Der Siebzehnjährige verliert im Zwang dieser Brotarbeiten sein eigentliches künstlerisches Ziel nicht aus den Augen, und indem er auch die kleinste Aufgabe künstlerisch ernst nimmt, findet er in allem eine Möglichkeit, sein Talent zu entwickeln. Dieses Prinzip, durch künstlerische Selbstzucht jede Aufgabe zu einem Baustein für Höheres zu machen und durch ernste Hingabe zur Freiheit zu gelangen, ist das Geheimnis, das den körperlich stiefmütterlich Behandelten — er war nur 1,30 m groß — zum vielseitigsten Könner der Kunst seines Jahrhunderts werden ließ. Er hat diesen Grundsatz später in dem Ausspruch: „Talent ist die Eins, der Charakter sind die Nullen dazu", auf die zwingendste Formel gebracht.

Die Gipsklasse der Akademie konnte der junge Menzel nur kurze Zeit besuchen, doch das genügte, um ihn erkennen zu lassen, daß hier nicht viel zu gewinnen war, weil sein Streben, allen Dingen auf den Grund zu gehen, und seine ungewöhnlich sachliche Art der Wirklichkeitsanschauung sich nicht mit dem herrschenden akademischen Rezept begnügen konnte, die Dinge in einem klassizistisch blutleeren Linienstil wiederzugeben. Man kann Menzel deshalb mit Recht zu den großen Autodidakten der Kunst rechnen. Sein angeborener Trieb, scharf und genau zu sehen, verweist ihn auf die Natur als die wichtigste Lehrmeisterin.

Aus der Brotarbeit des Gelegenheitslithographen wächst der junge Menzel ganz selbstverständlich in den künstlerischen Selbstauftrag als Illustrator hinein. Seine Sporen auf diesem Gebiet verdient er sich mit dem Zyklus „Künstlers Erdenwallen" nach Goethes Text, der — wenn auch noch befangen in der strengen Linienzeichnung — doch dem genauer hinsehenden Betrachter bereits eine ungewöhnliche Lebendigkeit der Darstellung verrät. Erstaunlicherweise hatte der berühmte Akademiker Schadow, der dem klassizistischen Stil in genialer Weise die berlinisch-realistische Note hinzufügte, die Kongenialität dieses jungen Talents, das die Kunstszene betrat, nicht erkannt. Er äußerte sich über das Erstlingswerk Menzels kritisch als „Griffonagen und Kritzeleien eines gewissen Herrn Menzel".

Einen sichereren Instinkt für das sich hier ankündigende große Talent hatte zweifellos der damalige Professor für Kunstgeschichte an der Berliner Akademie, Franz Kugler, als er einen Illustrator für sein Werk „Das Leben Friedrich d. Gr." suchte. Es war die Absicht Kuglers, mit seinem Werk ein Volksbuch zu schaffen, und es sollte viele Illustrationen erhalten. Er hatte offenbar eine sehr populäre Biographie über Napoleon vor Augen, die der berühmte französische Historienmaler Horaze Vernet illustriert hatte. Aber wo in Deutschland einen Illustrator solchen Ranges finden, da — von Chodowiecki als einer Ausnahme abgesehen — dieses

Gebiet im Gegensatz zu England und Frankreich ein unbestellter und traditionsloser Boden war? Als Krüger des jungen Malers Menzel illustratives Erstlingswerk gesehen hatte, sagte ihm offenbar eine höhere Eingebung, daß hier ein geborener Erzähler mit dem Zeichenstift am Werke sei. Daß er indessen ein Genie entdeckt hatte, konnte er damals noch nicht wissen, denn dieses erblühte erst an der Aufgabe, die ihm jetzt gestellt wurde. Der große Stoff hatte die schlummernden Kräfte des jungen Zeichners wie ein überspringender Funke zu einer hell lodernden Flamme entfacht.

Die Darstellung des Lebens Friedrichs des Großen war damals keinesfalls eine so populäre Sache, wie es heute erscheinen mag. Schon unmittelbar nach dem Tode des Großen Königs ward seine Erscheinung verdunkelt durch kleinlichen Legendenkram, und das Bild seiner Persönlichkeit hatte sich in Einzelzüge aufgelöst.

Der junge Menzel fühlte sofort, daß dieser Illustrationsauftrag die große Chance war, seine künstlerischen Vorstellungen zu verwirklichen und zu zeigen, was an imaginativer Kraft in ihm steckte. Die 400 Illustrationen, die er schaffen sollte, stellten eine gewaltige Aufgabe dar, um so mehr als er sich dabei weder auf künstlerische Vorbilder noch vorhandenes historisches Bildmaterial stützen konnte. Menzel mußte also zunächst einmal die geschichtlichen Quellen erforschen, das historische Milieu, die Bauten und Kostüme der Zeit studieren. Das Hauptthema waren die Feldzüge Friedrichs II., die Schlachten und Begebenheiten des Siebenjährigen Krieges, und so galt es vor allem die damaligen Uniformen der preußischen und österreichischen Armee kennenzulernen. Mit fanatischer Sachlichkeit eignet sich der

Carl Spitzweg, das Flötenkonzert

Adolph Menzel, Clara Schmidt von Knobelsdorff

junge Künstler das Bild einer vergangenen Epoche in allen Einzelheiten an. Goethe hat einmal die hellsichtige Feststellung getroffen: „Alle pragmatisch-biographische Charakteristik muß sich vor dem naiven Detail eines bedeutenden Lebens verkriechen.“ In diesem Sinne besaß Menzel den sicheren Instinkt für die Bedeutung des historischen Details. Eine sein ganzes Lebenswerk bestimmende Forderung gipfelte in dem immer wiederkehrenden Ausspruch: „Auf Authentizität kommt alles an.“ Man ist versucht zu glauben, daß ein derartiges pedantisches Studium auf seinen Darstellungsstil abgefärbt hätte. Die Genialität Menzels besteht aber darin, daß das Gegenteil eingetreten ist. Seine Phantasie hat alle sachlichen Details in bildliche Visionen umgeschmolzen und alle sachlichen Elemente der künstlerischen Gesamtwirkung untergeordnet. Dazu besitzt Menzel nicht nur einen besonderen Nerv für die historische Atmosphäre, es gelingt ihm auch stets, eine zwingende graphische Formulierung zu finden, die dem historischen Stoff lebendige Gegenwärtigkeit verleiht. Er dringt auch mit den sparsamsten graphischen Ausdrucksmitteln in die psychologischen Hintergründe der Historie ein. Wenn er in einer dieser Illustrationen die Gestalt des aus dem Kriege heimgekehrten Königs in einem alten schweren Mantel, zusammengekauert auf der leeren Terrasse vor den riesig erscheinenden Säulen des Neuen Palais in Potsdam darstellt, so verdeutlicht er damit unabweisbar die tiefe Einsamkeit, die der geschichtlichen Herausgehobenheit zugehört.

Nach vier Jahren hatte Menzel die Illustrationen für Kuglers Werk beendet, und seine künstlerische Phantasie hatte über die sachliche Darstellung hinaus den Stoff

zu einer lebendigen Vision der Gestalt Friedrichs des Großen und seiner Epoche verwandelt. Es folgten zwei weitere geschichtliche Illustrationswerke, die jedoch die Einmaligkeit des künstlerischen Wurfes nicht mehr besitzen.
Ein schwächeres Talent als Menzel hätte sich an diesen Arbeiten verbraucht. Bei Menzel indessen war während der Arbeit an diesen Illustrationen die Begeisterung für den Stoff noch gewachsen. In den folgenden Jahren malte Menzel dann seine großen Historienbilder, in denen ebenfalls die Person des Großen Königs den Mittelpunkt bildet. In den berühmten Gemälden „Die Tafelrunde in Sanssouci", das „Flötenkonzert" und den Schlachtenbildern „Hochkirch" und „Leuthen" erweist es sich, daß der Graphiker Menzel ein ebenso genialer Maler, ein Kolorist hohen Ranges ist. Menzels Historienbilder sind nicht gestellt wie die effektvollen Szenen der pathetischen Historienmalerei, sondern der erzählte Vorgang ist vor seinem inneren Auge entstanden, als die Vision eines malerisch einheitlichen Ganzen erfaßt. In dem berühmten „Flötenkonzert" hat Menzel um die Gestalt des die Flöte spielenden Königs ein Feuerwerk malerisch köstlicher Effekte in den flimmernden Lichtern des Kronleuchters und der Reflexe im Spiegel mit seinem Pinsel entzündet. Auch das Bild der „Schlacht von Hochkirch" erhält durch die großartige malerische Komposition dramatischer Licht- und Schattenkontraste eine fast rembrandthafte, visionäre Größe. Die ursprünglich realistische Art der Geschichtsdarstellung Menzels gewinnt durch die malerische Vergeistigung den Charakter des Mythischen.
Menzel hat im hohen Alter mit einer geradezu selbst-

zerstörerischen Kritik zu dem im letzten Krieg vernichteten „Flötenkonzert“ Stellung genommen, vielleicht nicht ohne Einwirkung der Tatsache, daß die Kunstkritik noch zu seinen Lebzeiten den jungen Menzel gegen den alten, den Zeichner gegen den Historienmaler ausgespielt hatte. Vermutlich gehört es zu der Scheu des Genies, sich nicht ins Herz sehen zu lassen, wenn Menzel dann behauptete, er hätte das herrliche „Flötenkonzert“ nur wegen des brennenden Kronleuchters gemalt. Aber gerade durch den malerischen Reichtum war hier eine geistige Übereinstimmung von Inhalt und künstlerischer Form erlangt, wie sie der obligaten Historienmalerei fremd war. Menzel mag sich innerlich amüsiert haben, daß die „Kunstkenner“ seine launige Bemerkung betreffs des Kronleuchters als bare Münze genommen haben.

Welch eminent genialer, ja der Zeit vorauseilender Maler Menzel war, hat sich in vollem Umfang erst nach seinem Tode gezeigt. Eine ganze Anzahl um die Mitte des Jahrhunderts gemalter Naturstudien, aus der Verborgenheit seines Ateliers herausgeholt, zeigte eine malerische Auffassung, welche die Errungenschaften des späteren Impressionismus überraschend vorwegnahm. Ein typisches Beispiel für diese erst spät bekannt gewordenen Perlen einer mit flüssigen Pinselstrichen hingesetzten brillanten Lichtmalerei ist das berühmt gewordene „Balkonzimmer“, in dem nichts anderes dargestellt ist als ein Sonnenstrahl, der durch eine flatternde Gardine in ein schlichtes Biedermeierzimmer fällt. Das Werk schließt in seiner begrifflich nicht faßbaren subtilen malerischen Empfindung eine echt romantisch-lyrische Gefühlswelt in sich ein.

Menzel hat diese malerischen Köstlichkeiten zu Lebzeiten vermutlich aus der Erkenntnis heraus verborgen, daß neben seinem Ruhm als Zeichner und Graphiker diese malerischen Impressionen nicht vor dem Urteil der Zeitgenossen bestehen würden. Die Genialität des Zeichners überstrahlte alles andere.
Die Zahl seiner Zeichnungen geht in die Zehntausende, und keine ist dabei, in der er nicht alle Disziplin einer fanatischen Wirklichkeitstreue angewandt, alles von sich gefordert hätte. Dieser fanatischen Hingabe an das Werk hat der Dichter Fontane, mit dem Menzel eng befreundet war, in verehrungsvoller Weise ein Denkmal gesetzt. Auf eine im Nachlaß Fontanes aufgefundene Fotografie Menzels hatte der Dichter eigenhändig die Huldigungsworte geschrieben:

Gaben, wer hätte sie nicht?
Talent — Spielzeug für Kinder.
Erst der Ernst macht den Mann.
Erst der Fleiß das Genie!

Menzel ist nach Dürer vielleicht der einzige unter den deutschen Künstlern, der alles in der Zeichnung, ja sogar außerordentlich Malerisches mit dem Stift künstlerisch aussagen konnte. Er hat, mit beiden Händen arbeitend (der Linkshänder hatte sich zum Rechtshänder erzogen), ein gigantisches zeichnerisches Lebenswerk geschaffen. Hervorgehoben wird dabei vielfach allzusehr der Realismus, die unerhörte Wirklichkeitstreue seiner Zeichenkunst. Es wird jedoch oft etwas sehr Wesentliches übersehen; jene feine Musikalität und Wärme der Empfindung, die bei aller Sachlichkeit in seinen Zeichnungen, vor allem der späten Jahre, mitschwingen.

Die Sachlichkeit Menzels wäre nicht so genial, wenn sie nicht in einem hohen Maße auch transparent wäre im Sinne einer das innere Wesen der Dinge erfassenden Anschauung. Sein Wort „Kunst himmlisch Ding, irdisch Fundament!“ offenbart die Tatsache, daß seine künstlerisch so realistisch erscheinende Weltergreifung ihre Wurzeln in einer tief andächtigen Weltbetrachtung hat. In späteren Jahren berühmt und geehrt wie kein anderer Künstler seiner Zeit, war Menzel, der unverheiratet geblieben war, ein richtiges menschliches Original geworden. Der verschlossene, unzugängliche und angeblich menschenfeindliche Grobian, den er oft herauskehrte, war im Grunde seines Wesens ein sehr gemütvoller und zartfühlender Mensch. Das beweisen die stille Freude und Hingabe, mit der er die Natur belauschte, und die Güte, mit der er das berühmte „Kinderalbum“ für die Kinder seiner Schwester in den Jahren 1861—1883 mit den herrlichen aquarellierten Tierbildern ausstattete, die bei aller Deutlichkeit von soviel geheimnisvoller Poesie umgeben sind.

Bei jeder heutigen Begegnung mit der Kunst Menzels entdeckt man, wie jung und unverbraucht alles ist, was er in genialer Erfassung und Deutung der Wirklichkeit geschaffen hat. Wie bei den Werken großer Poesie und Musik erlebt man Altvertrautes in neuer Weise. Man entdeckt in seinen Werken immer wieder Neues, das man jetzt erstmalig sieht und bewundert. So universal und zeitlos erscheint uns sein Werk in der Gegenwart. Nach einem gigantischen Lebenswerk starb am 9. Februar 1905 mit 90 Jahren die „kleine Exzellenz“, wie ihn die Berliner mit vertraulicher Bewunderung nannten.

WILHELM BUSCH

Ein Genie humoristisch-philosophischer Zeichnung

Weltkatastrophen und der Wechsel der künstlerischen Richtungen haben nichts daran geändert, daß der Mensch der Gegenwart die köstlichen Zeichnungshumoresken von Wilhelm Busch, mögen sie auch in der scheinbar unmodernen Stilform der Biedermeierzeit daherkommen, mit genauso großem Vergnügen sieht wie die Generation vorher.

Man darf sogar aus guten Gründen annehmen, daß Buschs sehr bewußt vereinfachte zeichnerische Ausdrucksform in unserer Zeit, in der die Kunstentwicklung auf gesteigerte Abstraktion abzielt, künstlerisch leichter verstanden wird als zum Zeitpunkt ihrer Entstehung, da naturalistische und impressionistische Maßstäbe herrschten. Die geistvolle Abstraktion von Buschs zeichnerischer Sprache steht der künstlerischen Sehform unserer Zeit weit näher als seiner eigenen. Er war, wenn man es auf die übliche Formel bringen will, seiner Zeit in genialer Weise künstlerisch weit voraus. Wenn er mit wenigen konstruktiven Strichen eine Gestalt aufs Papier zaubert, so ist er Kubist, bevor es einen künstlerischen Kubismus als Programm gegeben hat, und wenn er Bewegungsvorgänge und Gemütsstimmungen in frei erfundenen Linienschnörkeln hinschreibt, ist er abstrakter als jeder offizielle Vertreter der abstrakten Kunstrichtung.

Jede Zeit sieht die künstlerischen Phänomene mit ihren Augen. Es wäre aber grundfalsch, wenn man der überwiegend literarischen Wertschätzung der Kunst Buschs in früheren Zeiten eine einseitig auf das Ästhetisch-Formale gerichtete Betrachtungsweise entgegenstellen wollte. Das Große und Besondere an Wilhelm Busch ist es, daß in seiner Kunst gedanklicher Inhalt und zeichnerische Ausdrucksform unauflösbar verbunden sind in jener ursprünglichen Einheit, wie man sie vor allem in den alten Zeiten der Kunst antrifft, in denen die bildende Kunst, man denke an die mittelalterlichen Holzschnitte, eine echte volkstümliche Bilderschrift war. Im Boden dieser kraftvoll expressiven Volkskunst wurzelt auch Wilhelm Buschs humoristische Zeichensprache. Diese geistige Herkunft erklärt ihren künstlerischen Tiefgang.

Der Ganzheit des künstlerischen Stils entspricht bei Busch eine seltene Einheit der menschlichen und künstlerischen Entwicklung. Sein künstlerischer Weg ist ein getreues Spiegelbild der Entfaltung seiner menschlichen und geistigen Individualität. Die Kunst hatte zu Buschs Zeiten schon eine so periphäre Stellung, daß die Zeit ihm weder eine konkrete künstlerische Aufgabe noch eine Richtung geben konnte. Busch fand seinen Weg allein aus der Sicherheit seines künstlerischen Instinktes und aus der Klarheit einer seltenen kritischen Selbsterkenntnis.

Jede biographische Schilderung wird immer farblos erscheinen neben der kurzen Selbstbiographie, die Busch 1886 unter dem Titel „Was mich betrifft“ erstmalig für die Frankfurter Zeitung verfaßt hat und die dann in etwas variierter Form mit dem veränderten Titel „Von mir über mich“ 1893 als Vorwort zu seinen Werken erschien. In diesem stilistischen Meisterwerk deutscher

Prosa schildert Busch mit der ihm eigenen Anschaulichkeit das Milieu seiner einfachen Kindheit im ländlichen Krämerhaus von Wiesendahl im Hannoverschen, wo Busch am 15. April 1832 geboren wurde. Mit neun Jahren kommt er, nachdem noch weitere sechs Geschwister das Haus des stets ernsten und fleißigen Krämers gefüllt hatten, zu Pastor Kleine, einem Bruder der Mutter, nach Ebergötzen bei Göttingen, von wo aus er mit dem Onkel 1846 nach Lüthorst übersiedelt. Der Onkel muß ein prächtiger Mann gewesen sein, denn die lebenslang intime Beziehung Buschs zur Natur, das Sachverständnis in Jugendstreichen und die Liebe zur Bienenzucht sind der Erziehung dieses Onkels zu danken. Mit 15 Jahren kam Busch an die Technische Hochschule zu Hannover. Er sollte Maschinenbauer werden, aber in den dort verbrachten vier Jahren hat sich das zeichnerische Talent so stark gemeldet, daß er anschließend 1851 die Düsseldorfer Akademie beziehen durfte. Für Buschs künftige künstlerische Entwicklung wurde der anschließende Studienaufenthalt an der Antwerpener Akademie während des Jahres 1852 besonders wichtig. Seine dortigen Lehrer Dyckmanns, „der belgische Dou", und der Historienmaler Baron Vappers verfügten noch über die Ausdrucksmittel der großen holländischen und flämischen Maltradition. Wenn es bei den Klassizisten und Romantikern üblich war, das Betreten Italiens als Beginn eines neuen Lebens zu bezeichnen, so heißt es in einer Tagebuchaufzeichnung bei Busch über Antwerpen: „Von diesem Tage an datiert sich die bestimmtere Gestaltung meines Charakters und meines Talents. Es sei mein zweiter Geburtstag." Entscheidend war jedoch für Busch vor allem die Begegnung mit den großen holländischen Malern des 17. Jahrhunderts in den Museen. Es ist für seinen Charakter bezeichnend, daß die bedeutenden Koloristen neben enthusiastischer Bewunderung seine Selbstkritik und den Kunstverstand entscheidend angesprochen haben. Er schreibt darüber in seiner Autobiographie: „In dieser kunstberühmten Stadt (Antwerpen) sah ich zum ersten Male die Werke alter Meister, Rubens, Brouwer, Teniers, Frans Hals. Ihre göttliche Leichtigkeit der Darstellung malerischer Einfälle, verbunden mit stofflich juwelenhaftem Reiz, die Unbefangenheit eines guten Gewissens, welches nichts zu vertuschen braucht, diese farbige Musik, worin man alle Stimmen klar durchhört, haben für immer meine Liebe und Bewunderung gewonnen, und gern verzeih ich ihnen, daß sie mich so sehr geduckt haben, als daß ich's je recht gewagt hätte, mein Brot mit Malen zu verdienen, wie manch andere auch." Dieses Bekenntnis hat Busch auf der Höhe seines Lebens und Ruhmes abgegeben. Ob sich schon in den Antwerpener Jugendjahren die resignierte Einschätzung seiner eigenen malerischen Möglichkeiten eingestellt hatte, ist fraglich. In dieser biographischen Bemerkung steckt aber schon das ganze künstlerische Credo Buschs. Es ist bezeichnend, daß er die „göttliche Leichtigkeit der Darstellung" bei den holländischen Meistern so stark hervorhebt. Diese spielerische Leichtigkeit, keinesfalls als reine Virtuosität, sondern als Treffsicherheit des Ausdrucks zu verstehen, war Buschs Ideal, das ihn zum Zeichner werden ließ, weil er fühlte, daß er eine solche letzte Vollendung, wie sie ihm vorschwebte, niemals in der Malerei erreichen würde. Es kommt in diesem Verzicht Buschs ein hohes Qualitätsgefühl zum Vorschein, das ihm nicht gestattete, sich mit einer weniger meisterlichen Leistung zufriedenzugeben. Weil er jede seiner kleinen Zeichnungen so ernst nahm wie Michelangelo die großen Fresken seiner Sixtinischen Kapelle, deshalb wollte er, ähnlich wie Adolph Menzel, lieber ein Höchstes auf dem Gebiet der Zeichnung und Illustration als ein Zweitrangiges in der Malerei geben. Busch hat das Malen an sich nie aufgegeben, allein seine Selbstkritik verwies es an die zweite Stelle. Wie erst nach seinem Tode bekannt wurde, hat Busch neben seinem reichen Illustrationswerk noch etwa 800 bis 1000 Ölbilder kleinen Formats geschaffen, aber da er sie als Privatsache betrachtete, wollte er sie auch nicht beachtet sehen. Wir denken heute weniger streng über die künstlerischen Qualitäten seiner Malerei. Er war zwar als Maler offensichtlich abhängig von den großen Vorbildern Hals, Brouwer und Ostade, doch beherrschte er meisterlich die Malkultur dieser großen Schule, und unter seinen Bildern finden sich manche köstliche Perlen eines intimen und freien Kolorismus. Es ist um so mehr zu bewundern, mit welcher Konsequenz Busch sich auf die Zeichnung als die ihm am meisten entsprechende Ausdrucksform konzentrierte. In dieser Beschränkung äußert sich nicht nur Buschs charakterliche Stärke, sondern auch seine ungewöhnliche kritische Intelligenz.

Busch trat, als er 1854 in München eine neue Ausbildungsetappe begann, noch als Jünger der Malerei auf. Seine spezielle Begabung für die Karikatur entdeckte er, als er für das Karikaturen-Buch und die Kneipzeitung der Künstlervereinigung „Jung-München“ humoristische Gelegenheitszeichnungen schuf. In diesem Künstlerkreis lernte Busch auch seinen späteren Verleger Kaspar Braun, den Herausgeber der „Fliegenden Blätter", kennen, und in dieser Zeitschrift erschienen dann 1859 die drei ersten gedruckten humoristischen Holzschnitte von Busch.

Mit der Einsicht in seine besonderen künstlerischen Anlagen erwachten bei ihm auch die dichterischen Fähigkeiten. Busch begnügte sich von Anfang an nicht damit, Bilder zu Texten, die andere verfaßt hatten, zu zeichnen, sondern er schuf die Zeichnungen zu eigenen Einfällen. Seine zeichnerische und dichterische Doppelbegabung drängte zu einer möglichst innigen Verschmelzung von Bild und Wort. Die bald erreichte absolute Einheit beider Elemente wird seit jeher als die Besonderheit der Kunst Buschs angesehen. Im Jahre 1862 erschien das erste illustrierte und selbstgeschriebene Buch „Die Bilderpossen" und gleichzeitig auch die erste der dann so berühmt gewordenen „Bildergeschichten", „Die kleinen Honigdiebe", womit Busch eine ganz neue Kategorie der humoristischen Zeichnung geschaffen hatte. Im Lauf der Jahre erschienen dann zweiunddreißig dieser Bildergeschichten. Die klassischen Lausbubengeschichten von „Max und Moritz" entstanden 1865, die „Jobsiade", die Fabel von dem bösen Raben Huckebein, die Ballade von der „Frommen Helene" sowie die schmunzelnden Geschichten von dem verhinderten Dichter Balduin Bählamm und dem Maler Klecksel, dessen schwungvoll begonnene Karriere als Schimmelwirt endet, sind, um nur einige der populärsten zu nennen, zu einem echten Volksgut geworden. Busch folgt in der Erfindung der Bildergeschichten nicht einer zufälligen Laune, sondern die zyklische Form ist logisch bedingt durch das Streben nach einer bildlichen Verdeutlichung einer Handlung,

durch den Wunsch nach rhythmisch bewegtem Ablauf. Sinn und Moral seiner Bildergeschichten erfordern, daß dem Betrachter die schicksalhafte Notwendigkeit im Verlauf der Handlung zum unmittelbaren Bilderlebnis werde. Die zeichnerischen Ausdrucksmittel sind dabei für Busch Bewegung und Rhythmus der Linien. In der Sicherheit und im Wandlungsreichtum dieser Ausdrucksformen erweisen sich Buschs beispiellose Kraft und der Reichtum seiner zeichnerischen Phantasie.
Die Analyse der zeichnerischen Kunst Buschs erscheint überflüssig angesichts der Tatsache, daß die geistvolle Vereinfachung, mit der er jede Figur, ihre Bewegung und Stimmung auszudrücken weiß, offen zutage liegt für den, der Zeichnungen zu lesen versteht. Wer darin nicht bewandert ist, kann das vor Buschs Zeichnungen vorzüglich lernen, denn sie sind eine Hohe Schule der Zeichenkunst. Die Schlagkraft, mit der Busch in wenigen Strichen einen Gehalt, eine ganze Bildsituation graphisch zu erfassen weiß, ist beispiellos. Er ist ein Meister der Vereinfachung, der Übersetzung der Natur in einen zeichnerischen Linienrhythmus, seine Ausdrucksskala reicht von der eckigen geometrischen Vereinfachung und der realistischen Gründlichkeit bis zur barocken Bewegtheit, von der abstrahierenden Linie bis zum Eindruck praller Plastik. Die Linie ist bei ihm nicht nur körperliche Abgrenzung, in seine Zeichnung sind vielmehr auch starke malerische Werte, Licht und Atmosphäre mit einbezogen. Hierin wird deutlich, daß Busch in die zeichnerische Schule der berühmten holländischen Maler gegangen ist, die nicht nur Koloristen, sondern auch, wie Ostade und Brouwer, große Erzähler und Sittenschilderer waren. Buschs zeichnerische Schlag-

fertigkeit ist das Ergebnis eines immer wieder geübten sorgfältigen Zeichenstudiums nach der Natur. Seine Handzeichnungen und Skizzenbücher gehören zu den köstlichsten zeichnerischen Leistungen des 19. Jahrhunderts.

Busch hat die humoristische Zeichnung zu einer Kunst höchsten Ranges erhoben. Wer hier nur Zeichenwitz und Bilderspaß sieht, verkennt sowohl den Ernst als auch den stark romantischen Gehalt, die feine märchenhafte Poesie und nicht zuletzt den philosophischen Geist, der aus dieser zeichnerischen Abbreviatur des großen Welttheaters spricht. Auf wenige paßt wie auf Busch das Wort von Baudelaire: „Reine Zeichner sind Denker; sie abstrahieren bis zur Quintessenz."

Auch der Dichter in Busch verfügt sprachlich über die gleiche Prägnanz des Ausdrucks, doch erscheint seine dichterische Einstellung im allgemeinen spielerischer als der Ernst seiner Zeichnung. Sie entspricht wohl mehr dem innerlich heiteren Bekenntnis: „Wie wohl ist dem, der dann und wann sich etwas Schönes dichten kann!", aus den Anfangsversen von Balduin Bählamm.

Will man die Eigenart des Buschschen Humors auch nur andeutend erfassen, genügt es nicht, die Wurzel seiner Komik in einem Prinzip des Widerspruchs zu sehen. Man hat bei Busch immer im Gegensatz des Realen zum Abstrakten das Wesen der komischen Wirkung seiner Zeichnungen erblicken wollen. Dabei folgte man der Schopenhauerschen Definition des Lachens als der plötzlichen Wahrnehmung einer Inkongruenz zwischen Begriff und Gegenstand. Diese Erklärung erfaßt höchstens die allgemeine Technik des Bild- und Wortwitzes, aber keinesfalls die besondere und recht komplexe Art des Buschschen Humors, der über eine sehr reiche Skala der Möglichkeiten vom Humor als Idee bis zum Humor als Stimmungswert verfügt. Nach Jean Paul ist der Humor „das romantisch Komische, ein umgekehrtes Erhabenes; jene Anlage, vermöge deren sowohl die Torheit des Einzelwesens als die der Welt erfaßt wird". Diese Definition paßt schon besser für die philosophische Art der Komik von Busch. Hinter der drastischen Situationskomik, dem Kampf mit der Tücke des Objekts steht das schmunzelnd weise Verstehen der Verstricktheit des Menschen in ein ihm dunkles und fatales Schicksal. Buschs Humor ist bei aller satirischen Schärfe und gedanklichen Hintergründigkeit, die sich manchmal unter dem Einfluß des Schopenhauerischen Weltpessimismus einstellt, nie ätzend, sondern immer gemütvoll. Auf eine einfache Formel gebracht, sagt Busch in seinen Zeichnungen und Werken, daß der Mensch auf dieser Welt im großen und ganzen nichts zu lachen hat, daß es gut und weise ist, dennoch darüber zu lachen. Obgleich Busch namentlich den Philistern und Heuchlern oft drastisch zu Leibe geht, steht als gültiges Motto über allem sein Wort: „Positiv im Buch des Lebens steht verzeichnet nur die Liebe."

Über das persönliche Leben Buschs ist wenig zu sagen. Er liebte die menschliche Distanz und das Zurücktreten hinter seinem Werk. Er wohnte, lebenslänglich ein Hagestolz wie sein großes Vorbild Schopenhauer, bei seiner Schwester, einer Pastorenwitwe, und deren drei Söhnen. Schon verhältnismäßig früh, im Anfang der achtziger Jahre, sprach man von Busch als „dem Einsiedler von Wiedensahl". Aus dem lachenden Malerphilosophen war ein immer leiser lächelnder Weiser geworden, der sich der Kontemplation und der philosophischen Lektüre zugewandt hatte, und der 1908 sechsundsiebzigjährig still und unauffällig, wie es seine Art war, diese Welt verließ. Busch starb in Mechtshausen am Harz, wo er seit 1894 bei seinem Neffen Otto Nöldecke lebte.

Die heute noch unverminderte Beliebtheit der Buschschen Bildergeschichten beruht sicher nicht nur auf ihrem weltanschaulichen und philosophischen Gehalt, sondern auch auf der Tatsache, daß in ihnen in einzigartiger Weise romantische Kindheitsideale eine bildhafte Wirklichkeit gewonnen haben. Busch liefert auch den Erwachsenen den Schlüssel zu einer Welt kindlich romantischer Verzauberung.

HANS THOMA

Ein Maler des lyrischen Realismus

Ein halbes Jahrhundert nach dem Tode Hans Thomas im Jahre 1924 sind seine Werke und seine Persönlichkeit dem allgemeinen Bewußtsein der Zeit so fremd geworden, als hätte er vor einer Ewigkeit gelebt und gewirkt. Sein Werk ist kunstgeschichtlich keinesfalls ausgelöscht, aber die modernen Kunsterklärer haben es mit Etikettierungen versehen, die als ein trübes Medium die zeitlos gültige Schönheit dieser Malerei verdunkeln. Mit dem leider allzuoft gebrauchten und verschwommenen Schlagwort des „deutschen Malerpoeten" hat man die heutige Generation, die auf die zu deutliche Betonung des Nationalen und Gefühlsmäßigen allergisch reagiert, von vornherein abgeschreckt, sich mit der Kunst Hans Thomas zu beschäftigen, die in ihrer Stille und Tiefe ein richtiges Arkanum für die psychischen Erkrankungen dieser Zeit sein könnte.
Doch nicht allein die Werke Thomas sind Kunstschöpfungen eines originalen Charakters, sein Leben als ein Ganzes ist ebenso ein einmaliges Kunstwerk. Die Klarheit seines Wesens, die völlige Einheit von Leben und schöpferischem Tun ergeben das Bild einer Persönlichkeit, für die Goethe den höchsten Ehrentitel einer „Natur" geprägt hatte.
Das Malen, das bildhafte Gestalten war für Thoma so selbstverständlich und natürlich wie für andere das Atmen. Ebenso natürlich und schicksalhaft zwingend gelangte er zum bildhaften Erfassen seiner Umwelt, bevor er überhaupt den Begriff Kunst gekannt hat, und so

Wilhelm Busch, Im Wirtshaus

Hans Thoma, Kinderreigen

sicher und unbeirrbar wie ein Himmelskörper, der am Firmament seine Bahn zieht, ist er seinen Weg als Künstler gegangen. Alle echte Kunst ist ein Müssen, ein Nicht-anders-Können, das einem Menschen als Schicksal in die Wiege gelegt wurde.

Die Wiege Hans Thomas, sicher ein sehr schlichtes Ding, stand in einer dürftigen Hütte in Bernau im badischen Schwarzwald, wo er 1839 das Licht der Welt erblickte. Der Vater, der das Müllerhandwerk vermutlich aus Gesundheitsgründen aufgeben mußte, ernährte die Familie schlecht und recht durch die ortsübliche Herstellung von Holzwaren. Es war eine enge Welt, in der Thoma aufwuchs, aber ihre Menschen waren auf eine einfache Weise lebenstüchtig und der Natur und der Heimat verbunden. In dieser Welt war alles so reich, bedeutsam und für die rege Phantasie des Knaben so voller Wunder, daß er, in den Besitz einer Schiefertafel gekommen, sehr früh daranging, die Dinge seiner Umwelt nachzuzeichnen, wenn er nicht als Hütebub, die Ziegen weidend, den Stimmen von Wald und Bächlein lauschte und den so merkwürdig geformten Wolken nachträumte. Da der Vater schon früh starb, war die Verwirklichung von Künstlerträumen unerreichbar geworden. Verschiedene Lehrstellen, bei einem Lithographen, bei einem Stubenmaler und schließlich bei einem Uhrenschildermaler waren die nächste Etappe auf Thomas Lebensweg. Er wechselte offenbar diese Lehren, um bei dem Uhrenschildermaler in einer wenn auch primitiven Art sich dem künstlerischen Metier zu nähern. Nach dieser Lehrzeit kehrte er nach Bernau zurück und malte kleine Landschaften und Bildnisse. Sie fanden das Interesse von Gönnern, die dem Zwanzigjährigen den Eintritt in die Karlsruher Akademie in die Klasse des damals berühmten Landschaftsmalers J. W. Schirmer ermöglichten. Er blieb hier sechs Jahre, während der Sommermonate indessen malte er stets auf eigene Faust im heimatlichen Bernau. Die Bilder der vertrauten Heimat und ihrer einfachen Menschen, die er dann im Karlsruher Kunstverein ausstellte, wurden vom Publikum rigoros abgelehnt; denn die Art, wie Thoma die Natur sah, die frischen Farben seiner Palette waren der konventionellen Auffassung der Zeit entgegengesetzt, die in der Landschaftsdarstellung des Künstlers nur eine pathetische Stilisierung und den sogenannten braunen Galerieton gelten ließ. Nur sein Lehrer Schirmer hatte schon damals etwas in Thomas Bildern entdeckt, was der Menge entging. Er hatte, wenn auch nicht hundertprozentig zustimmend, davon gesprochen, daß des jungen Thomas Landschaften Poesie enthielten. Weitere Studien- und Schaffensjahre in Düsseldorf und München folgten, und mit dem Malerfreund Scholderer weilte er einige Monate in Paris, wo er die sensationelle Ausstellung von Gustav Courbet sah, der als Pionier eines neuen malerischen Realismus dem in pathetischer Manier erstarrten Akademismus den Kampf angesagt hatte. Für Thoma bedeutete der Eindruck der Malerei Courbets eine Bestätigung seiner eigenen Richtung, aber sicher nicht mehr, denn Thoma hatte lange vorher ähnlich revolutionäre malerische Ziele verfolgt. Es ist ein immer wieder in der Kunstgeschichte zu beobachtendes Phänomen, daß bestimmte neue künstlerische Anschauungen als eine Art geistiger Konsens an verschiedenen Orten und Ländern gleichzeitig und ohne direkten Kontakt zwischen den Künstlern auftreten. So war der malerische Realismus eines Courbet, eines Thoma und Leibl sowie anderer eine Zeitströmung, doch jeder der genannten hat einen unverkennbar eigenen Stil aus dieser Grundhaltung entwickelt.

Der Publikumserfolg blieb Thoma jahrzehntelang versagt. Die Farbenfrische seiner Landschaften haben böswillige Stimmen als „Thomasalat" bezeichnet, und seine Naturtreue in der Auffassung seiner Figurenbilder wurde so gründlich mißverstanden, daß ein bekannter Münchener Kunstkritiker Thoma den „nicht talentlosen Begründer der sozialdemokratischen Malerei" nannte.

Aber glücklicherweise hatte das Schicksal für den Verkannten auch Freunde bereit, die tiefer blickten. Ein Frankfurter Arzt, Dr. Eisen, verschaffte Thoma in Frankfurt einige Porträtaufträge, die ihm ein weiteres Schaffen für längere Zeit ermöglichten. 1876 übersiedelte er nach Frankfurt, das für zwei Jahrzehnte die Stätte seines Schaffens blieb. In dieser Zeit entstanden auch seine herrlichen Taunuslandschaften mit den weiten Horizonten und den dramatischen hohen Wolkenhimmeln.

Es ist für die damaligen Kunstverhältnisse in Deutschland bezeichnend, daß es zwei Engländer waren, die zuerst eine größere Zahl von Thomas Bildern erwarben. Man darf vermuten, daß es sich um Leute gehandelt hat, deren Blick für malerische Qualität durch die bedeutenden englischen Klassiker der Landschaftsmalerei im frühen 19. Jahrhundert Constable und Gainsborough geschult war. Thomas erste große Kollektivausstellung hat in Liverpool stattgefunden, und erst durch den Erfolg dieser Ausstellung wurde Thoma in der Heimat einem breiteren Publikum bekannt.

Thoma hatte einundfünfzig Jahre alt werden müssen, bis man seine künstlerische Bedeutung erkannte. Im Herbst des Lebens häuften sich dann die Erfolge und Ehrungen. Er wurde Akademieprofessor und, wie es damals üblich war, Künstler in diese Positionen zu berufen, auch Galeriedirektor in Karlsruhe. Der arme Hütebub aus dem Schwarzwaldtal wurde mit dem Exzellenztitel ausgezeichnet und zum Mitglied der Badischen Kammer ernannt. Ein feiner Humor und ein philosophischer Sinn halfen ihm, sich in diese späten Würden hineinzufinden. Sein schlichtes Wesen, seine große Güte und hohe Menschlichkeit konnten diese Äußerlichkeiten nicht verändern.

Worin besteht die Einzigartigkeit der Werke Thomas, die doch eigentlich thematisch so gar nichts besonders Interessantes darstellen? Seine Landschaftsmotive sind selten das, was der Durchschnittsgeschmack eine schöne Landschaft nennt. Das Wie ist entscheidend, sie sind gewissermaßen mit der Frische des „ersten Blicks" gesehen, so wie ein Kind die Welt staunend betrachtet. Seine Kunst war der reine Ausdruck seines Wesens, das sich die Kindlichkeit des Herzens und eine geniale Naivität bis ins Greisenalter bewahrte. Er wußte um diese Quelle seiner Kunst, wenn er bekannte: „Im Bewahren dieses Kinderglücks, die Welt immer neu und mit Erstaunen zu suchen, liegt der Zauber, der uns in das Land der Kunst führt, der Glaube an siegendes Licht geht so uns nicht verloren durch alle Dunkelheit des Lebens." In seinen Landschaftsdarstellungen ist immer ein sehr zartes lyrisches Empfinden in den Rhythmus der Linien, in den Klang der Farben hineingewoben. Auch in seinen Figurenbildern schwingt dieser lyrischromantische Unterton mit. Erinnert sei nur an das Motiv des Wanderburschen, der, am hohen Bergesrand rastend, seinen Blick in die Ferne schweifen läßt, das rührend-ernste Doppelbildnis der in ein Buch vertieften Mutter und Schwester oder den köstlichen Kinderreigen. Der Grundakkord ist stets ein tief religiöses Welterlebnis.

Thoma dichtet das Große und Schöne nicht in die Natur hinein, er dringt mit seinem inneren Blick nur tiefer in die Welt als ein Wunderland ein, aus dem er das Schöne herausholt, das andere zu sehen nicht fähig sind. Seine Landschaften sind durch eine stets sehr fein abgestimmte Farbigkeit aus einem bloßen Natureindruck ins Ideale erhoben. Er findet die Idee des Schönen in allen Formen der Natur, im Wuchs eines Baumes, im Spiel der Sonnenstrahlen auf einer blumigen Wiese, in den Farben eines schlichten Feldblumenstraußes.

Als Bildnismaler nimmt Thoma die Modelle immer aus seiner eigenen, ihm innerlich vertrauten Welt; er hat niemals ihm seelisch fremde Menschen gemalt. Deshalb sind gerade seine Bildnisse ein getreues Spiegelbild seines eigenen Innern. Aber auch die Freude am Fabulieren ist ein Wesenszug seiner alemannischen Art. Sein Hang zum Allegorischen, der oft eine Verwandtschaft zu der Art Böcklins aufweist, hat in einem phantasiereichen Illustrationswerk seinen Ausdruck gefunden.

Die Bilder Thomas haben einen echt altmeisterlichen Charakter ohne jede Absicht äußerlicher Nachahmung, weil sie aus derselben Tiefe der Anschauung und derselben Werktreue entstanden sind. Darin liegt auch begründet, warum seine Kunst als besonderer Ausdruck deutschen Wesens empfunden wird. Wegen seines Tiefsinns sei hier ein Wort von Josef Hofmiller zitiert. Er spricht von der „Augenandacht“ in Thomas Werken, er sieht die Deutschheit Thomas in seinem langsamen, verweilenden, sich versenkenden Auge.

Thoma war bis an sein Lebensende ein ganz in sich ruhender Mensch, dem die Hingabe an seine Kunst alleiniger Lebensinhalt war. Doch das hinderte ihn nicht, mit kämpferischem Eifer sich da einzusetzen, wo das Deutsche und Gute in der Kunst gefährdet war. Thoma hatte einen klaren Blick für den schon zu seiner Zeit beginnenden Niedergang. In einem Brief an den Malerfreund Emil Lugo, in dem er sich anerkennend über die Arbeiten des jungen Fritz Boehle äußerte, schrieb er: „Wie wohltuend ist dies in einer Zeit, wo allgemein das Heraushängen irgendeiner geheimen Krankheit allein noch für kunstwürdig interessant gilt.“ Was die Kunst Thomas für die heutige seelisch und geistig chaotische Zeit bedeutet, erfährt man am deutlichsten dann, wenn man bei einem Museumsbesuch unerwartet vor einem seiner Werke, sei es vor einer der idyllischen Landschaften oder einem der herb-schönen Blumenbilder steht. Dem Betrachter erschließt sich dann eine Welt sinnvoller Selbstgewißheit und innerer Harmonie, die er sonst vergeblich sucht.

WILHELM LEIBL

Ein Maler des wesenhaften Seins

Um die Mitte des 19. Jahrhunderts hatte sich in der europäischen Kunst ein gewaltiger Umbruch vollzogen. Die vorher herrschende romantische Phantastik und die klassizistische Idealität hatten ihre Herrschaft verloren. In der Erfassung der Wirklichkeit wurde jetzt die Hauptaufgabe der Malerei gesehen. Die bis dahin in hohem Ansehen gestandene Historien- und Gedankenmalerei wurde durch eine Anschauungsweise abgelöst, die sich in programmatischer Weise der Erfassung der Naturerscheinung zuwandte. Hauptträger dieser Bewegung, die sich als malerischer Realismus und Impressionismus manifestierte, wurde in Deutschland die in den vierziger Jahren geborene Malergeneration. Ihr gehört auch Wilhelm Leibl an, der als der bedeutendste Vertreter des malerischen Realismus im 19. Jahrhundert angesehen wird. Bei den Begriffen Realismus und Naturalismus muß man die Relativität solcher kunsthistorischer Etikettierungen stets mitbedenken, denn für die großen Kunstleistungen sind sie immer nur bedingt gültig.

Wenn Leibl auch in der Mehrzahl seiner Werke die bäuerlichen Menschen Oberbayerns zum Thema erwählt hat, so stammt doch er selbst nicht aus Bayern. Am 23. Oktober 1844 in Köln als fünftes Kind des dortigen Domkapellmeisters geboren, sollte er zuerst Techniker werden und absolvierte eine kurze Lehrzeit als Schlosser, bevor er sich für den Künstlerberuf entschied. In der musischen Atmosphäre des Elternhauses fand sein Wunsch, Maler zu werden, keinen Widerstand. 1864 bezog er die Münchner Akademie. Er war Schüler des kultivierten Wiener Malers A. von Ramberg und kurze Zeit auch bei dem Historienmaler Piloty. Leibl fällt sehr bald sowohl durch sein hervorragendes Talent als auch durch seine unbeirrbare Wahrhaftigkeit und den Hang zur Reflexion, zum intensiven Nachdenken über die Kunstprobleme der Zeit auf. In dem Freundeskreis, dem Theodor Alt, Schider, Sperl und Hirth, später selbst bekannte Maler, angehören, wird er als geistiger Führer anerkannt. Der junge Leibl beherrscht schon als Akademieschüler die malerischen Mittel der an der Natur geschulten Tonmalerei mit erstaunlicher Vollkommenheit. Die malerische Reife und Frische eines Frühwerkes „Atelierszene" erregt Bewunderung in Kennerkreisen, und auch seine frühen Bildnisse verraten einen ungewöhnlichen koloristischen Sinn.

Auf der internationalen Kunstausstellung in München im Jahre 1869 stellt der junge Leibl das später berühmt gewordene Bildnis der Frau Gedon aus. Eine junge Frau im silbergrauen Kleid mit bräunlichem, wie Gold glitzernden Besatz steht mit über dem Leib gefalteten Händen vor dem Betrachter. Die junge Mütterlichkeit dieser Frau ist durch den Glanz der Malerei zu einem Mysterium erhoben, in dem Bild ist eine der Malerei Rembrandts sehr verwandte Empfindung lebendig.

Es ist eine Frage, ob die Zeitgenossen den ganz hohen Rang dieses Frühwerkes bereits erkannt haben und erkennen konnten; geahnt wurde er, und das Bild erregte so viel Aufsehen, daß es dem jungen Leibl die Goldmedaille eingebracht hätte, wenn die Jury nicht im letzten Augenblick Hemmungen gehabt hätte, diese Auszeichnung einem Akademieschüler zu verleihen Dennoch hatte das Jugendwerk damals ein Mann gesehen, der sofort erfaßt hatte: Hier war ein ganz Großer in die Arena des Kunstlebens der Zeit getreten. Es war der seinerzeit schon berühmte französische Maler Gustave Courbet, der vorher ein Jahr in Frankfurt gelebt hatte und auf der Münchener Ausstellung 1869 selbst mit einer Bilderkollektion vertreten war, die als Demonstration der von Courbet in Frankreich gegründeten realistischen Schule eine nachhaltige Wirkung auf die deutschen Künstler ausgeübt hat. Der wesentlich ältere Courbet hatte die Kongenialität des jungen Leibl erkannt und veranlaßt, daß der sechsundzwanzigjährige Leibl durch einen hohen französischen Aristokraten eine sehr ehrenvolle Einladung nach Paris erhielt. Leibl nahm während seines an sich kurzen Aufenthaltes in Paris nichts Fremdes an, denn er war im Grunde bereits ein Fertiger, aber der Pariser Aufenthalt gab ihm durch die Anerkennung der dortigen Künstler und Kunstkreise die wichtige Selbstbestätigung. Der Ausbruch des Krieges 1870 beendete den Pariser Aufenthalt vorzeitig, doch die Wertschätzung der Kunst Leibls in Paris erhielt sich trotz antideutscher Tendenzen auch später. Es stellt einen einzigartigen Fall dar, daß Leibls Ruhm durch die Anerkennung der Künstler begründet wurde. Courbet hatte das Signal gegeben, aber auch andere berühmte Maler wie Defregger und Munkaczy begeisterten sich für dieses begnadete Talent Leibls, und ihre Bewunderung veranlaßte sie, eigene Werke gegen Arbeiten des jungen Leibl zu tauschen. Anderseits hatte Leibls Unbestechlichkeit der Anschauung ihm die Gegnerschaft Lenbachs eingetragen, der seinen repräsentativen Porträtstil durch Leibls Realismus angegriffen fühlte. Auch der in München wirkende Böcklin verstand, befangen in der Idealität seiner Vorstellungswelt, den Naturfanatismus Leibls nicht, sonst hätte er ihn nicht „einen denkfaulen und langweiligen Kerl" genannt. Dies ist wichtig zu erwähnen, um zu zeigen, in welchem starken geistigen Spannungsfeld der Zeit sich Leibls Kunst zu behaupten hatte. Diese innere Spannung der Zeit wurde auch in der Kunst Leibls auf besondere Weise in der Polarität seiner zuzeiten wechselnden Anschauungsweise sichtbar. Seine Entwicklung vollzieht sich zwischen den Polen einer einerseits sehr lockeren malerischen Form und einer strengen zeichnerischen Formauffassung mit glatter Modellierung der Dinge, die vornehmlich in seinen großen Figurenkompositionen wirksam wird. Dessenungeachtet bewahrt Leibl in beiden Ausdrucksformen die gleiche künstlerische Grundhaltung einer fanatischen Wirklichkeitsnähe, so daß sie nur zwei verschiedene Wege zu dem gleichen künstlerischen Ziel darstellen.

Leibl hatte, aus Paris zurückgekehrt, sehr bald erkannt, daß das konventionelle Milieu der Münchener Kunstateliers nicht der Ort war, an dem seine absolut unkonventionellen künstlerischen Absichten verwirklicht werden konnten. Der Künstler suchte Bildmotive, die der Wahrhaftigkeit seines malerischen Sehens entsprechen konnten. Er verließ München und zog sich ins bayerische Oberland zurück. Dachau, Unterschondorf am Ammersee, Berbling, Aibling und Kutterling, damals noch echte Bauerndörfer, waren die Stationen, in denen er sein malerisches Lebenswerk schuf. In der einfachen Welt der Bauern fand er die Ursprünglichkeit und Echtheit, die er nicht in einem äußerlichen Sinne, sondern als inneren Gehalt seiner Bildmotive gesucht hatte. Er malte seine Bauernmotive nicht in der novellistischen Art der damals üblichen Bauernmalerei, sein Darstellungsstil ist unsentimental, auf das Allgemeine gerichtet. Leibls Wirklichkeitsfanatismus sucht nicht den Reiz der Oberfläche, sondern die Tiefe. Durch den Fanatismus seines künstlerischen Sehens offenbart die Wirklichkeit in Leibls Bildern ihre innerste Wahrheit und Würde. So sind auch seine Bauernbilder als monumentale Sinnbilder eines naturhaft verwurzelten Lebens zu verstehen. Sein Weg, in die Tiefe der Erscheinung einzudringen, ist nicht der Intellekt, sondern die Wahrhaftigkeit seiner Anschauung. Jedes Bild Leibls bestätigt die Wahrheit, daß über das Auge die tiefsten und reichsten Erkenntnisse vermittelt werden. Die einzigartige Eindringlichkeit seines Verhältnisses zur Wirklichkeit hat Leibl zum großen Bildnismaler prädestiniert. Die psychologische Tiefe und malerische Sensibilität seines reichen Porträtwerkes stellt ihn an die Spitze der Bildniskunst im 19. Jahrhundert. Hier wird sein Verhältnis zur Wirklichkeit besonders offenbar. Er besitzt ein scharfsichtiges Auge, dem nicht die kleinste Einzelheit entgeht, aber er hat dabei auch das innere Auge für den großen Zusammenhang des Ganzen, für das einmalige Wunder jedes Menschseins. Seine Methode besteht darin, der Sichtbarkeit der Dinge auf den Grund zu gehen. Er sagte: „Man male den Menschen, so wie er ist, dann ist die Seele ohnehin dabei." Man hat diese Einstellung als Naturalismus mißverstanden, doch Leibl meinte nichts anderes als das, was der antike griechische

Denker Olympiadoros aussprach, wenn er schrieb, „die Welt sei ein großes Symbol, weil sie in sinnlich wahrnehmbarer Form unsichtbare Wirklichkeit biete". Von der unsichtbaren Wirklichkeit, vom Erlebnis des Wesenhaften in der Schönheit der Farben und Formen kündet das, was man mißverständlich den Realismus der Kunst Leibls nennt.

Neben seiner einzigartigen Bildniskunst hat Leibl offenbar den Schwerpunkt seiner künstlerischen Aufgabe in mehrfigurigen Bildkompositionen gesehen. Sie waren das Feld seines heroischen Kampfes um jene große Bildform, wie die alte Kunst sie besaß und die verlorengegangen war. Er malte das wunderbare Bild der Dorfpolitiker und zuletzt ein großes Wildschützenbild, an dem er scheiterte, weil er in der engen Bauernstube, in der er malte, nicht mehr das Bildganze überblicken konnte.

Das berühmte Bild der „Drei Frauen in der Kirche" stellt zweifellos eine gültige Verwirklichung dieser künstlerischen Zielsetzung dar. Die Geschichte der Entstehung des Bildes, die Reaktion der Umwelt nach seiner Vollendung sagt alles aus, was die Größe Leibls und die innere Tragik seiner Kunst in der Zeit ausmacht. Das etwa dreiviertel lebensgroße Bild zeigt die Gestalten dreier Frauen in bäuerlicher Tracht in der Kirchenbank im Gebet versunken. Es scheint zunächst nur einen zufällig gesehenen Ausschnitt festzuhalten, in Wirklichkeit ist es aber in einer sehr überlegenen Weise bildhaft komponiert. Farben und Formen sind in einer ebenso unauffälligen wie geistvollen Weise auf den Gesamteindruck des Bildes und seine innere Aussage hin in eine künstlerische Bildordnung gebracht. Man könnte an dem Bilde nichts verändern, ohne das Ganze zu stören. Die drei Frauen, welche die Lebensalter versinnbildlichen, sind in der Harmonie einer gleichen religiösen Empfindung verbunden. Diese innere Verbindung ist in einer großartigen Orchestrierung der Linien, Flächen und Farben in eine monumentale Bildform gebracht, die absolut zwingend ist. Einmal gesehen, prägt sich die Komposition dieses Bildes so unvergeßlich ein wie etwa die berühmte Kompositionsformel der Sixtinischen Madonna von Raffael. Das Werk steht in der Strenge der Zeichnung und emailleartigen Klarheit der Farben dem Vorbild Holbein nahe. Man hat richtig empfunden, daß dieses Bild der drei Bäuerinnen wie ein Flügel eines Altarbildes wirkt, und es ist dem ebenso zuzustimmen, wenn man dieses Werk Leibls als das einzig echte religiöse Bild des 19. Jahrhunderts bezeichnet hat.

Auch hier ist die Tiefe der künstlerischen Wirkung in der Methode seiner Entstehung begründet. Das Bild ist in einem vierjährigen Arbeitsprozeß (1878—1882) von gigantischer Anstrengung entstanden. Leibl malte das Bild in der kleinen Berblinger Dorfkirche. Seine Art der Arbeit und malerische Gewissenhaftigkeit erforderten, daß die drei Frauen immer gemeinsam als Modell fungieren mußten, denn er brauchte die Licht- und Farbwirkung der ganzen Gruppe für das kleinste Detail. Es war ein qualvolles Ringen durch lange Jahre. Die Modelle wurden nacheinander krank, der alte Pfarrer starb, und der neue wollte das Malen in der Kirche nicht gestatten. In einem Brief schreibt Leibl: „Die meiste Zeit habe ich unter Todesverachtung im wahren Sinne des Wortes gemalt. Denn in der Kirche herrschte bis jetzt eine eiskalte Grabesluft, so daß die Finger ganz steif wurden. Manchmal ist es wieder so dunkel, daß ich die größte Mühe habe, dasjenige, das ich gerade in der Arbeit habe, mit der gehörigen Genauigkeit zu erforschen.“ Das Stillsitzen war für die drei Frauen oft sehr qualvoll, aber sie ertrugen es gerne, denn die einfachen Menschen fühlten, daß dieser heilige Eifer des Künstlers einer großen Sache diente. Es wird erzählt, daß die junge Bäuerin in der Tracht einmal eine ganze Nacht im Kirchenstuhl sitzen blieb, um den Wurf der Falten für die Arbeit am nächsten Tag nicht zu zerstören.

Es mag heute in der Zeit schnell entstandener und ebensoschnell verschwindender künstlerischer Improvisationen eine solche Einstellung des Künstlers unverständlich erscheinen. Doch in der echten Kunsteinstellung gilt noch immer Dürers Wort: „Ein gut Bild kann außerhalb Fleiß und Mühe nicht gemacht werden.“ Diese Maxime hat Leibl in einmaliger Weise in seinem Bilde der drei Frauen in der Kirche verwirklicht. Leibl war von der Bedeutung seines vollendeten Werkes tief durchdrungen. Als es in München, Wien und Paris ausgestellt wurde, fand das Bild die einhellige Bewunderung des Publikums, eine unverständige Kritik dagegen verstand die Bedeutung dieser Leistung nicht. Es hat Jahre gedauert, bis ein Sammler in Worms das Werk erwarb, das 1900 dann von Lichtwark für die Hamburger Kunsthalle gekauft wurde, wo es eines der Glanzstücke darstellt.

Leibl war von seiner Konstitution her eine Kraftnatur, wenn er nicht malte, waren die Jagd und Bewegung in der Natur seine Passion. Die Zurücksetzung durch die

Zeitgenossen und wohl auch die stetige Überanstrengung in seiner Malerei hatten seine Gesundheit vorzeitig zerstört. Er erlag, erst 56 Jahre alt, am 4. Dezember 1900 in einer Würzburger Klinik einem Herzleiden. Es ist notwendiger denn je, in einer Zeit, die den Maßstab für Leistung in der Kunst weitestgehend verloren hat, auf das große Beispiel hinzuweisen, das die Wahrhaftigkeit und Hingabe der Kunst Leibls geben.

MAX KLINGER

Der Wechsel des künstlerischen Geschmacks ist keineswegs eine bloße Laune der Zeiten, es handelt sich vielmehr um eine jener geheimnisvollen regulierenden Kräfte der Geschichte, durch die sich die Kunst immer wieder verjüngt. Dies zu erkennen gehört zur Reife künstlerischen Urteils. Goethe hat uns darin ein schönes Beispiel gegeben; nur wird sein Wort „Das ist die Kunst, das ist die Welt, daß eins ums andere gefällt" zwar oft zitiert, aber selten beherzigt. Zu den notwendigen Leistungen jeder Zeit gehört es, auch die künstlerische und geistige Vergangenheit ohne eine Hervorhebung des eigenen Zeitgeschmacks zu sehen. Eine organische künstlerische Entwicklung setzt voraus, daß jede Epoche ihre Vorläufer so objektiv wie möglich sieht und sich jederzeit offenhält der Belehrung, die ihr durch die zeitlosen Werte, jedoch auch aus der Kenntnis der Unwiederholbarkeiten, ja sogar der Irrtümer der Vergangenheit zufließt. Der heute so oft konstatierte Bruch im Kultur- und Geschichtsbewußtsein unserer Zeit ist eine Schwäche und folglich unproduktiv.

Zu den lange falsch bewerteten Künstlern der jüngsten Vergangenheit gehört der Maler, Graphiker und Bildhauer Max Klinger. Die heutige Generation kennt kaum noch seinen Namen, obwohl besonders Klingers graphisches Werk bis in die Zeit nach dem ersten Weltkrieg sehr populär und international anerkannt war. Die moderne Kunstideologie hat Klingers Werk unter dem Etikett „Jugendstil" begraben, worunter man eine pseudoidealistische literarische Programmkunst verstand. Inzwischen hat sich erfreulicherweise eine wesentlich objektivere Bewertung des Jugendstils durchgesetzt, denn man hat ent-

Wilhelm Leibl, Ungleiches Paar

Max Klinger, Brahmsphantasie — Evocation (Radierung)

deckt, daß einige wesentliche Grundzüge der modernen Kunst aus dem Jugendstil hervorgegangen sind. Es kann auch auf die Dauer nicht übersehen werden, daß die Bewertung der Kunst Klingers als einer Variante der Jugendstiltendenzen nicht der Tatsache gerecht wird, daß das Werk Klingers starke Momente genialer Selbständigkeit und überraschende Vielseitigkeit verkörpert.

Man muß sich besonders klarmachen, wie leicht es für jede spätere Zeit ist, die Diskrepanz zwischen dem Gewollten und dem Erreichten zu erkennen. Zu Klingers Zeiten hat sich bereits sehr drohend der Auseinanderfall der Kräfte bemerkbar gemacht, welche die Kunst bis ins 19. Jahrhundert getragen haben. Klinger hat deutlich das bedenkliche Beben im Boden der alten europäischen Kultur empfunden und sein Werk stellte einen der letzten Versuche dar, aus den besten Bildungswerten der Zeit eine künstlerische Einheitlichkeit zu schaffen. Es darf nicht übersehen werden, daß Klinger wie sein Landsmann Richard Wagner einen heroischen Kampf um die letzten Positionen eines idealistischen und humanistischen Weltbildes führte.

Klinger hat mit Wagner aber nicht nur den Geburtsort gemeinsam, sondern auch den Reichtum einer überströmenden Phantasie und die Tendenz nach dem Transzendenten, nach einem Überschreiten der Grenzen der künstlerischen Ausdrucksmöglichkeiten, und wäre es auch auf Kosten der Gesetze des konventionellen Geschmacks. Beide sind zudem beherrscht von der Idee, die einzelnen künstlerischen Ausdrucksmittel, die sich im Laufe der Entwicklung verselbständigt haben, wieder zusammenzufassen. Diese Idee der künstlerischen Reintegration, die Wagners Musikdramen zugrunde liegt, führte Klinger dazu, in seinen Kolossalgemälden Malerei und Plastik als Elemente einer imaginären Raumharmonie in einen imponierenden Zusammenhang zu bringen. Stellt man Klingers neben Wagners Kunst, dann sieht man, daß sie gar nicht so subjektivistisch ist, wie sie uns aus der heutigen Perspektive erscheint, sondern daß sie sehr tief in einem allgemeinen zeitlichen Ausdruckswollen wurzelt.

Klinger war der Sohn eines künstlerisch interessierten, sehr wohlhabenden Seifensieders. Gegen seine Künstlerlaufbahn erhoben sich vom Elternhaus her nicht die sonst üblichen Einwendungen, und er war auch sein ganzes Leben lang durch das väterliche Erbe in den Stand gesetzt, sich seinen künstlerischen Zielen ohne die Notwendigkeit eines Broterwerbes zu widmen. Nur so vermochten die künstlerischen Anlagen Klingers sich zu einer Universalität zu entwickeln, die in neuerer Zeit sonst kaum noch anzutreffen ist. Klinger konnte künstlerische Ideen realisieren, deren Verwirklichung jedem anderen schon aus materiellen Gründen unmöglich gewesen wäre. Auch der Umfang seines Werkes, die Tatsache, daß er als Maler, Graphiker und Bildhauer Leistungen gleichzeitig vollbrachte, die jede für sich normalerweise ein Leben erforderte, erklärt sich nicht nur aus seinen großen Anlagen, sondern überwiegend daraus, daß das künstlerische Schaffen Klingers keinerlei störenden und ablenkenden Forderungen ausgesetzt war.

Diese äußere Unabhängigkeit hat zweifellos auch zur Entfaltung einer souveränen künstlerischen Einstellung gegenüber den Zeitströmungen beigetragen. Die Anfänge Klingers bewegen sich in dem üblichen Rahmen. Er kommt 1875 zu dem tüchtigen realistischen Maler Gussow in Karlsruhe in die Lehre, dem er später auch nach Berlin folgt. Sein erster malerischer Auftrag sind Wandbilder für die Villa Albers in Berlin-Steglitz, die ganz realistisch aufgefaßt sind und sich etwa auf der Grenze zwischen Thoma und Böcklin bewegen. Klingers lebhafte Phantasie führt ihn aber sehr bald schon in den ersten Berliner Jahren zur Graphik, wobei zunächst das Vorbild Menzels, später dann auch das des Spaniers Goya für die weitere Entwicklung bestimmend wird. Der zeitlichen Vorliebe für epische Breite der Darstellung entspricht die Gewohnheit der damaligen Graphik, sich grundsätzlich nur in ganzen Zyklen auszusprechen. So radiert Klinger in den ersten Berliner Jahren bis 1880 einige Zyklen mit den Titeln „Radierte Skizzen", „Rettungen Ovidischer Opfer" und „Intermezzi". Besonders in den letzteren Szenen aus den Erlebnissen des abenteuerlichen Simplicissimus gelangt der junge Klinger zu einer schon recht persönlichen Ausdrucksform, hinter deren akademischer Strenge eine hintergründige Dämonie aufleuchtet.

Für die weitere Entwicklung entscheidend wird Klingers Aufenthalt in Paris von 1883 bis 1886. Die großen Schlachten des Impressionismus waren bereits geschlagen, und es wäre nicht verwunderlich gewesen, wenn Klinger sich dem Siegeszug der Eroberung der Wirklichkeit durch den Oberflächenreiz des Farbeneindrucks angeschlossen hätte. Er steht den neuen malerischen Problemen durchaus aufgeschlossen gegenüber; es gibt aus dieser Pariser Zeit und noch später aus den römischen Jahren zwischen 1888 und 1893 eine Menge von sehr breit gemalten und frischen Porträtstudien, in denen Klinger sich mit dem Freilichtproblem intensiv beschäftigt. Es beweist jedoch seine früh entwickelte Selbständigkeit der künstlerischen Anschauung, daß er sich an das positivistisch-impressionistische

Programm nicht verlor, denn das Resultat wäre nicht erstrangig gewesen. Seiner idealistischen Kunstanschauung konnte die l'art-pour-l'art-Einstellung nicht genügen. Er fühlte sich von einem ganz anderen künstlerischen Phänomen in Paris mächtig angezogen, dessen Bedeutung heute noch dank der literarischen Vorliebe für den Impressionismus nicht hinreichend bewertet ist. Die Wandbilder von Puvis de Chavannes im Pantheon, im Rathaus und in der Sorbonne in Paris hatten Klinger als eine programmatische Neuentdeckung der Gesetze der Wandmalerei ein Ziel gezeigt, das ihm die Möglichkeit einer künstlerischen Realisierung idealer Inhalte in einer klassischen Formensprache zu gewähren schien. Auch Puvis de Chavannes hatte in seinen Wandbildern die religiöse Legende und die antike Mythenwelt in einer Weise wiederbelebt, die im klassischen Sinne monumental ist, aber von einem neuen Zeitbewußtsein erfüllt scheint. Klinger hat schon in Paris sein erstes Werk in der Reihe der Kolossalgemälde, „Das Urteil des Paris", begonnen, das später dann in die Wiener Galerie gelangte. Im Sinne Chavannes und doch durchaus getreu dem Realismus seiner formalen Auffassung versucht Klinger das symbolische Wandbild nach architektonischen Gesetzen neu zu formulieren. Er vermeidet jede barocke Dekorativität und illusionistische Unklarheit. Die strenge statuarische Form der Gestalten wird durch ein Kolorit gemildert, in das Klinger die Errungenschaften der Sehweise der Freilichtmalerei phantasievoll einbezogen hat. Hinter den mythologischen Gestalten seiner Bildkomposition öffnet sich eine arkadische Landschaft in monumentalen Linien. Aber Klinger strebt über das Einfach-Bildhafte hinaus. Er will Beziehungen zu einem imaginären architektonischen Raum konstituieren. Er fügt dem Hauptbilde schmale Seitenfelder mit gemalten Hermen an, er stellt das Bild auf einen mächtigen Sockel mit plastischen Masken und üppigem Rankenwerk und gibt ihm eine dekorative Fassung, die dem Betrachter das Gefühl distanzierender Feierlichkeit geben soll. Klinger bleibt diesem Schema treu auch in seinen späteren Kolossalgemälden wie der „Kreuzigung“ im Leipziger Museum und dem Kolossalwerk des „Christus im Olymp“ im Wiener Belvedere-Museum. Wer einmal in den Sälen des Wiener Oberen-Belvedere diesem Werk Klingers gegenüberstand, wird in einen Konflikt zwischen Bewunderung des Reichtums einer Begabung, die alle Register der malerischen und plastischen Wirkungsmittel zu ziehen weiß, und einer Abwehr gegenüber der Überdeutlichkeit des Gewollten gestellt. Obgleich uns Pathos und Geschmack dieser Kunstauffassung nicht mehr das sagen, was sie den humanistisch Gebildeten vor einem halben Jahrhundert bedeuteten, so bleibt die Größe der Vornahme imposant und die oft verblüffende Schönheit der Einzelheiten bewundernswert.

Ähnlich verhält es sich auch mit Klingers berühmtestem plastischem Werk, dem „Beethoven-Monument“. Er hatte schon sehr früh das Problem der polychromen, das heißt in Teilen bemalten und aus verschiedenartigen, meist sehr kostbaren Materialien zusammengesetzten Plastik aufgegriffen. Es mag hierbei die kurz vorher von Semper gemachte sensationelle Entdeckung der ursprünglichen Farbigkeit der antiken Plastik und Architektur Pate gestanden haben. In den frühen farbigen Plastiken wie den Figuren der „Cassandra“, der „Salome“, jedoch auch in Bildnissen wie dem der Else Assenieff begnügte sich Klinger noch mit einer farbigen Akzentuierung einzelner Teile. Zu einer ungewöhnlichen Steigerung neuartiger plastisch-farbiger Materialwirkungen gelangte Klinger in dem 1902 vollendeten Beethoven-Monument. Es stellt den musikalischen Genius Beethovens in innerstes Schauen versunken mit nacktem Oberkörper als Olympier auf einem reichgezierten Bronzethron sitzend dar. Über seinen Schoß ist ein Mantel aus goldgelbem Alabaster gebreitet, zu seinen Füßen sitzt ein schwarzer Adler aus Pyrenäen-Marmor. Er hat sich auf dem Felsenblock, auf dem der Thron steht, festgeklammert, als wenn er diese Regionen nur mit höchster Anstrengung erreicht hätte. Der Kopf der marmorweißen Gestalt trägt die idealisierten Züge der bekannten Beethoven-Maske, die nach dem Leben im Jahre 1815 abgenommen wurde. Der Blick der Gestalt geht in das Reich des Noch-nie-Geschauten. Die auf das vorgesetzte Bein gestützte Hand ist geballt als Sinnbild des schöpferischen Willensaktes. Klinger hatte als Motto für dieses Denkmal — ein Vorhaben, das dann aufgegeben wurde — die Worte vom Anfang des 4. Aktes aus dem Faust: „Der Einsamkeit tiefste schauend unter meinen Füßen“ bestimmt. Kein weiteres Wort könnte den Ideengehalt des Werkes stärker beleuchten.

Auch wenn uns dieses Werk genauso wie Klingers Kolossalgemälde in der Empfindung und im Geschmackswert ferngerückt ist, so bleibt es ein genialer Wurf, der in seiner suggestiven Wirkung über allen Einwänden einer kritischen Ästhetik steht.

Die meiste und bleibendste Bedeutung hat Klinger indessen als Graphiker erlangt. Er hat Hunderte von Radierungen meist großen Formates in den verschiedensten Techniken geschaffen. An Feinheit, Kontraststärke und Nuancenreichtum übertreffen seine Radierungen alles Frühere. Er kombiniert die geätzte Linie mit der Grabstichelarbeit, er verbindet den feinen Strich der kalten Nadel mit den durchsichtigen Tönen der Aquatintatechnik. Durch diese geniale Erweiterung der Ausdrucksmittel ist Klinger ein Mehrer im Reich der Graphik geworden. Seine großen graphischen Zyklen wie die 41 Blätter der Brahms-Phantasie und der Totentanz-Zyklus mit dem Titel „Ein Leben" waren zu Anfang unseres Jahrhunderts außerordentlich populär. Gegen den Einwand, daß Klingers Kunstanschauung betont literarisch wäre, hat schon Ferdinand Avenarius den Künstler verteidigt, wenn er feststellt: „Der Vorwurf, Klingers Kunst sei literarisch, trifft nicht, denn poetisch und literarisch ist zweierlei. Literarisch ist das Spezifische der Literatur, das nur sie restlos ausdrücken kann, wie allein die Malerei das Malerische. Poetisch dagegen ist etwas, das jenseits aller Künste in den Tiefen unseres geheimen Seelengutes im Unterbewußtsein glimmt oder glüht und durch ein Kunstwerk jeder Art wie ein Stern aus der Nacht aufleuchten kann." Aus dem Positivismus und Naturalismus seiner Zeit hebt sich Klingers Graphik durch ihren poetischen Gehalt und ihre unverkennbare Musikalität hervor. Klinger war ein sehr bewußter und gebildeter Künstler. Sein programmatisches Büchlein „Malerei und Zeichnung" gibt nicht nur eine sehr präzise und tiefsinnige Definition des Unterschiedes der malerischen und graphischen Ausdrucksmittel, sondern es sagt auch Dinge aus, die seiner Zeit vorausgreifen, wie etwa die Formulierung: „. . . daß das Elementarische, der Traum, das wahre Feld der Kunst ist." Der heutige Betrachter wird oft überrascht feststellen, wie vieles in der graphischen Kunst Klingers auf der Traumseite des Bewußtseins beheimatet ist.

Klingers Lebensweg war weitestgehend frei von allen äußeren Konflikten. Er hatte sich nach den Lehr- und Wanderjahren 1893 in seiner Geburtsstadt Leipzig zu bleibendem Aufenthalt niedergelassen. Seine letzten beiden Schaffensjahrzehnte standen, trotzdem die Kunstentwicklung bereits eine ganz andere Richtung genommen hatte, im Licht eines unbestrittenen Ruhmes. Es ist das Eigenartige, daß der fanatische Idealismus im Schaffen Klingers auch den Andersdenkenden imponierte. Klinger starb 1920 dreiundsechzigjährig auf seinem Landsitz in Großjena bei Naumburg, wo er auch beigesetzt wurde.
Nach einem Wort des Philosophen Schelling „öffnet jedes Kunstwerk die Intellektualwelt“, das heißt, es erweitert unser Bewußtsein für die ideale Bestimmung des menschlichen Daseins. Der ideale Aspekt gibt der Kunst Klingers auch da noch einen bleibenden Wert, wo seine Form uns zeitgebunden erscheint.

FRIEDRICH STAHL UND KARL LEIPOLD

Zwei Meister der Farbe

Gemeinsam ist beiden Künstlern, daß das Verständnis ihrer künstlerischen Bedeutung auf einen Kreis selbständig urteilender Kunstkenner beschränkt blieb, die unabhängig von den literarischen Zeitparolen sich den Blick für zeitlose künstlerische Werte bewahrt hatten. Nicht nur die Nähe des Geburtsdatums, sondern auch eine bei aller Verschiedenheit des persönlichen Stils sehr große Ähnlichkeit in der künstlerischen Gesinnung und geistigen Haltung lassen erkennen, daß beide Meister ein Generationsschicksal verbindet, und zwar in dem Sinne, wie Pinder dieses im „Problem der Generationen" als eine schicksalhafte innere Richtungsgleichheit bestimmter Generationsgruppen von Künstlern, als ein rhythmisches Prinzip der kunstgeschichtlichen Entwicklung erkannt hatte. Dieser bekannte Kunstwissenschafter hat auf die Tatsache hingewiesen, daß es in der Kunstgeschichte neben der linear verlaufenden, allgemeinen Stilrichtung einer Zeit auch stets noch einzelne Generationsgruppen von Künstlern gibt, die einer früheren oder späteren Stilrichtung angehören. Mit anderen Worten, die kunstgeschichtliche Entwicklung ist tatsächlich immer reicher, polyphoner, als das übliche Schema der sogenannten einheitlich gerichteten Stilgeschichte der Kunst glauben macht. Stile sind zeitperspektivische Angelegenheiten; je nach dem Standpunkt der Betrachtung können dieselben Meister als Spätlinge oder Vollender eines Kunststils oder als Bahnbrecher einer noch nicht am Zeithorizont aufgetauchten künstlerischen Ausdrucksform erscheinen. Es ist der Grundfehler des seit mehr als 50 Jahren herrschenden modernen Stildogmatismus, daß er keine künstlerischen Ausdrucksformen neben der jeweiligen Generallinie der sogenannten modernen Kunstrichtung gelten läßt. Alles, was nicht in dieses Schema paßt, wird aus der Kunstgeschichte herausgeschnitten und verschwiegen. Ein klassisches Beispiel für dieses Scheuklappenprinzip der modernistischen Kunstwertung ist die Anonymität dieser beiden Künstler in der Gegenwart.

Sie stehen generationsmäßig viel näher bei den Meistern der dichterischen Phantasiekunst wie Böcklin, Klinger und Segantini als bei den Vertretern des Impressionismus, die einer Generation vorher angehören. Stahl und Leipold können keiner Richtung zugeordnet werden. Wer darin einen Mangel sieht, der möge sich erinnern, wie viele Genies stilgeschichtlich nicht einzuordnen sind; man denke nur an Dante, von dem der Historiker Voßler sagte, daß er nicht mehr ganz der Gotik und noch nicht der Renaissance angehört. Der heute herrschende Stilschematismus macht kurzsichtig für die Selbständigkeit und die künstlerische Qualität von Künstlern, die, wie diese beiden Meister, sich nicht in eine etikettierte Stilkategorie eingliedern lassen.

Friedrich Stahl ist am 27. Dezember 1863 in München geboren. Er studierte an der Münchener Akademie bei Löfftz und Wilhelm von Diez, die ihrerseits sich bereits mit einer erstaunlich freien malerischen Auffassung von der konventionellen Historienmalerei abgesetzt hatten. Die künstlerischen Anfänge Stahls fielen in die Zeit des malerischen Realismus. Daß Stahl in einem sehr reichen Maße die malerischen Möglichkeiten und das Können besaß, um diesen malerischen Zeitproblemen gerecht zu werden, bewies er in einer Anzahl von Bildern, die in der Zeit von 1890 bis 1900 in England und in Berlin entstanden. Diese mit einer stark realistischen Auffassung gesehenen Gesellschaftsszenen sowie die mit impressionistischen Mitteln und großem malerischem Raffinement geschaffenen Berliner Straßenbilder waren für andere ein künstlerisches Ziel, für Stahl aber nur ein Durchgangsstadium, ebenso wie seine mit feinster malerischer Sensibilität ausgestatteten Gesellschaftsillustrationen für die „Münchner Fliegenden Blätter", die ihn zuerst bekanntgemacht hatten. Neben diesen Arbeiten war in aller Stille sein persönlicher malerischer Stil herangereift. Er hatte erkannt, daß die Probleme des impressionistischen Realismus, die in der Erfassung der Flüchtigkeit der malerisch-optischen Erscheinung gipfelten, nicht mehr zu steigern waren. Stahl wollte sich nicht mit einem Abschöpfen der sinnlichen Reize des optischen Scheins zufriedengeben, vielmehr wurde das durch das Sehproblem des Impressionismus zurückgedrängte Dichterische in seiner Kunst in eigener Weise wieder lebendig.

Für Stahl war es das Erlebnis Italiens und seiner alten Kunst, das ihm die Richtung auf seine Themenwelt und seine persönliche Eigenart gewiesen hatte. Schon von England aus hatte Stahl alljährlich Studienreisen nach Italien unternommen. Es folgte ein entscheidendes Schaffensjahr in der Villa Borghese in Rom. Von 1904 bis 1913 lebte der Künstler ständig in Florenz, und hier fand er auch die Form, seinen dichterischen Sagetrieb in das Milieu und das Zeitkolorit der italienischen Renaissance zu kleiden. Warum sollte er sich nicht in einer historischen Wunschwelt bewegen, nachdem bereits unsere klassischen Dichter sich diese Freiheit der Stoff- und Milieuwahl genommen hatten. Wie wenig berechtigt es ist, Stahl einen Eklektiker, einen archaistischen Nachahmer des italienischen Quattrocento zu nennen, wird sofort deutlich, wenn man Stahls Bilder neben die Originale der Renaissance stellt: die Ähnlichkeit geht nicht über eine innere Wahlverwandtschaft hinaus, aus der eine unverkennbare malerische Eigenart hervorgewachsen ist.

Stahl hat in der Berührung mit der italienischen Renaissance eine malerische Ausdrucksform gefunden, die es ihm erlaubte, den in seiner Phantasie gesammelten Schatz einer beziehungsreichen Vielfalt der äußeren Formen und inneren Kräfte der Welt in malerisch-dichterischen Sinnbildern zu widerspiegeln. Er gelangte zur Motivwelt der Allegorie, der Mythen und der religiösen Legende, weil seine Phantasie hier den beengenden Zwang der Wirklichkeit abstreifen konnte, weil ihm hier ein souveränes Gestalten zeitloser Inhalte und ein befreites Komponieren von Farben, Formen und Linien im Sinne einer vor dem inneren Auge erschauten Harmonie möglich war. Stahl schildert in seinen Bildern den „Improvisator“ im Kreise schöner Florentinerinnen; im „Liebesgarten“ wandeln in arkadischer Landschaft kostbar gekleidete Paare, umspielt von Putten und Eroten. Es ist eine Traumwelt von berauschender Schönheit, in der das rhythmisch reiche Spiel der Linien und der schwelgerische Glanz der Farben musikalischen Charakter besitzen. Der Künstler ist aber auch in seinen seltenen, formal und farbig zwingenden Bildnissen ein Menschendarsteller hohen Grades. Er liebte auch die italienische Landschaft in ihren großen Linien und Formen. In kleinen Formaten gestaltet er ihre Monumentalität, die ganz der Klarheit seines Wesens entspricht. Eine besondere Höhe seiner malerischen Leistung erreichen seine Blumenbilder. Sie haben in ihrer koloristischen und technischen Kostbarkeit nichts in der Zeit Vergleichbares.

Stahl starb 1940 in Rom, wo er die letzten Jahrzehnte wieder gelebt und geschaffen hatte. Er wurde auf dem deutschen Friedhof in Rom am Fuße der Cestiuspyramide begraben, wo er neben der Grabstätte des romantischen Malers Jakob Asmus Carstens eine würdige Ruhestätte fand.

Der Maler Karl Leipold erblickte am 12. Januar 1864 in Duisburg das Licht der Welt. Er studierte kurze Zeit an der Düsseldorfer Akademie, hat sich jedoch in der Hauptsache als Autodidakt künstlerisch weitergebildet. Es mögen die ersten Eindrücke seiner Vaterstadt, des größten Binnenhafens Deutschlands, gewesen sein, die seine Sehnsucht nach der See, sein romantisches Fernweh geweckt haben. Der junge Maler wechselte urplötzlich von der Malklasse der Akademie auf eines der damals noch in Dienst stehenden alten Segelschiffe und befuhr als Seemann über ein Jahrzehnt die Weltmeere. Er griff in diesen Seefahrerjahren sehr selten zum Stift; es gibt aus dieser Zeit nur spärliche Skizzen von Takelagen und anderen technischen Einzelheiten der Schiffe, mit menzelhafter Sachlichkeit gezeichnet, indes so gut wie gar keine Studien von Landschaften und vom Wasser. In späteren Jahren erzählte Leipold, daß er in seiner

Seefahrerzeit das Meer und den Himmel immer nur beobachtet und die Eindrücke in seinem Gedächtnis gesammelt habe. Als der Wandertrieb gesättigt war, ließ er sich in Hamburg nieder und begann hier seine Erinnerungen an die See zu malen, so wie andere ihre Erlebnisse niederschreiben. Bald kaufte er in Störort an der unteren Elbe ein zweihundert Jahre altes dänisches Zollhaus, und in dieser höchst romantischen Umwelt schuf er seine malerischen Visionen der Vermählung von Himmel und Wasser zu einer Symphonie der Farben. Was Leipold malte, sind selten Porträts irgendeiner bestimmten Landschaft, es sind freie Variationen über das Thema See und Natur, aus dem Schatz einer unerschöpflichen Phantasie hervorgeholt.
Nach dem schönen Wort eines Schweizer Philosophen „ist jede Landschaft ein Gemütszustand". In diesem Sinne sind sämtliche Bilder Leipolds, seine geheimnisvoll verträumten Windmühlen an den Marschen, seine silbrigen Fernblicke über segeldurchfurchte Wasserflächen solche malerisch verdichteten Gemütszustände. Verdichtet im Sinne einer Steigerung, insofern alle große Kunst ein poetisches Element aufweist. Leipold ist ein Meister in der Beherrschung der Tonwerte; er kennt nicht die bloß dekorative bunte Farbigkeit, denn in der Bindung der Farben, in einem Gesamtton kommt die Farbe erst als ein stimmungsmäßiger Grundakkord zum Klingen. Es ist nicht die Farbe als sinnlicher Reiz, den Leipold erfassen will, es geht ihm um den Ausdruck des elementaren Wesens der Natur, um Licht und Bewegung und um die Zusammenfassung dieser Elemente in einen Tonwert, der die Stimmung eines Bildes entscheidend ausstrahlt.

Schon der berühmte Arzt und Maler, der Goethefreund Carus, sagt in seinen Betrachtungen der Dresdner Galerie: „Ich fand nämlich immer, daß nächst der konzentrierten Lichtwirkung ganz besonders das bestimmte Vorherrschen von Ton über alles, was man elementare Farben nennt, dasjenige war, wodurch solche angenehme Wirkung (innerlich ein Ganzes zu sein) entstand.“
Um dieses innerliche Ganze ging es auch Leipold im Ausdruck seiner Bilder. Der eigentümliche stimmungsvolle Gesamtton seiner Gemälde, aus einer Fülle von Farbpartikelchen verschiedenster Art gebildet, bringt die Farbe da, wo sie sparsam und bewußt erscheint, zu vollem, geheimnisvollem Klingen.
Wie kein zweiter hat es Leipold verstanden, das Wasser, das ewig bewegende Element, in allen seinen Stimmungen zu erfassen, aber auch er ist ein Symbolist und ein von innerer Poesie bestimmter Maler. Das beweisen seine zahlreichen Legendenbilder, seine mittelalterlichen Historien und vor allem seine venezianischen Visionen. Er hat Venedig in der Agonie der Schönheit erfaßt, er hat die unheimliche Tiefe der Kanäle und den morbiden Reiz der Paläste zu einer Symphonie von Farben umgestaltet. Leipold haftet nicht am Gegenstand, er verwandelt den Natureindruck zum wesenhaften Sinnbild. In der malerischen Freiheit und Kühnheit der Umsetzung des Natureindrucks besteht seine Genialität. Leipold lebte, von seinem künstlerischen Dämon getrieben, stets ruhelos, in Störort, München, Berlin und in Schlüchtern, und als er zuletzt in Würzburg im alten Haus „Zum Falken“ seine malerischen Visionen aufs neue zu realisieren gedachte, ereilte 1943 den fast Achtzigjährigen der Tod.

DER MALERROMANTIKER CAMILLE COROT

Die Gegenwart scheint gekennzeichnet durch eine Relativierung aller Werte. Das Fehlen absoluter Wertmaßstäbe hat vor allem auf dem Kultur- und Kunstgebiet zu einer chaotischen Richtungslosigkeit geführt. Das Kunsterlebnis hat sich dabei weitgehend in intellektuelle Spekulationen oder psychologische Analysen aufgelöst. In endlosen Polemiken wird heute der letzte Rest echter künstlerischer Anteilnahme zerredet. Für diese Situation gilt das, was Dostojewski in einem seiner Romane schreibt: „Es gibt keine traurigere Zeit als in der wir nicht wissen, wen wir zu verehren haben." Man wird den Zustand künstlerischer Ratlosigkeit aber weniger durch abstrakte Kunsttheorien als durch eindringliche Hinweise auf lebendige Vorbilder bessern können. Es ist dabei nicht wichtig, in welchen Nationen und Epochen wir diese Vorbilder finden, entscheidend ist nur, daß diese Vorbilder das Bewußtsein zeitloser Wahrheiten in der Kunst wiedererwecken.

Als ein solches Vorbild elementarer Klarheit der Anschauung und künstlerischer Größe tritt uns die Persönlichkeit des französischen Malers Camille Corot entgegen. Er ist eines der wirklich originalen Talente des 19. Jahrhunderts, und André Lhote hat ihn sehr bezeichnend „den letzten Naturmenschen des Jahrhunderts" genannt. Die zeitlose Schönheit und Poesie von Corots Werk hat alle Wertungskrisen der modernen Kunstentwicklung unangetastet überstanden. Auch die radikalsten künstlerischen Umwerter aller Werte haben es nicht vermocht, die starken Sympathien zu stören, die Corots Kunst auch in der Gegenwart genießt, obwohl er entgegen allen modernen

Friedrich Stahl, Zwei Mädchen

Karl Leipold, Windmühle

Kunstdogmen in seinen Bildern nichts als Natur darstellt und in einer heute meist verpönten Weise Gefühle zum Ausdruck bringt. Das Geheimnis dieser lebendigen Wirkung Corots beruht wohl hauptsächlich auf der Freiheit, mit der er die malerischen Mittel, gelöst von jeder Konvention, für die Realisation seiner Vorstellungen verwendet. Das Beispielhafte dieser Künstlerpersönlichkeit liegt nicht zuletzt in der Übereinstimmung künstlerischer und menschlicher Werte. Der tiefe Ernst des künstlerischen Wollens ist bei Corot in seltener Weise mit einer liebenswerten Menschlichkeit verschwistert.

Man erwartet hinter einer so harmonischen Kunst wie der Corots keine dramatischen Lebenskonflikte. In der Tat hat Corots Entwicklung wenig Sensationelles. Seine Biographie ist, wie einmal richtig gesagt wurde, „die Biographie eines Kindes, das 80 Jahre alt wurde". Camille Corot kam 1796 in Paris zur Welt. Es war das vierte Jahr nach der französischen Revolution, so daß Corot in eine Zeitenwende hineingeboren wurde, die auch neue künstlerische Probleme aufgestellt hat. Das Kunstideal des Ancien régime versank, und die offizielle Kunst nahm analog der revolutionären Ideologien eine klassizistische Note an. Dazu kam als Unterströmung eine mit der Geisteshaltung der Revolution hochgekommene Tendenz einer Rückkehr zur Natürlichkeit und Ursprünglichkeit. Um die Selbständigkeit der späteren Entwicklung Corots zu erkennen, muß man diese Zwiespältigkeit der künstlerischen Situation der Zeit vor Augen haben.

Das elterliche Haus Corots verkörperte das französische Kleinbürgertum der Zeit mit all seiner Enge, seiner Solidität, jedoch auch mit einer in kulturellen Dingen ambitiösen Gesinnung, denn es hatte ja das Zeitalter der bürgerlichen Kunst begonnen. Die Mutter Corots betrieb einen in der Pariser Gesellschaft sehr bekannten Modesalon, der Vater führte als echter Bourgeoistyp die Bücher. Corot zeigte zwar schon recht früh Talent zum Malen, aber er war ein folgsamer Sohn und trat bei einem Tuchhändler in die Lehre, wo er es acht Jahre aushielt, bis eine kleine Erbschaft ihn so weit unabhängig machte, daß die Eltern einem Berufswechsel zustimmten. So kam Corot erst als Siebenundzwanzigjähriger zur Malerei und trat 1822 in das Atelier des neoklassizistischen Landschaftsmalers Jean Victor Bertin ein. Er arbeitet indes hier weniger als auf den Kais und in der Umgebung von Paris, denn die Natur erscheint ihm als die bessere Lehrmeisterin. Jede Epoche hat ihr eigenes Naturbild. Das Corots gründet im Zeitgeist der Romantik, wobei zu beachten ist, daß die französische Romantik eine weniger tragische Grundstimmung aufweist als die deutsche. Es ist bezeichnend, daß der französische Bildhauer David d'Angers von unserem großen Malerromantiker C. D. Friedrich sagte, „er hätte die Tragödie in der Landschaft entdeckt". Dementsprechend könnte man sagen, der Romantiker Corot habe die lyrische Idylle in der Landschaft gefunden.

Doch bevor Corot zum vollendeten Ausdruck seiner künstlerischen Individualität hinfindet, muß er der Anschauung der Zeit den Tribut zollen und den Weg über das Erlebnis Italiens nehmen. Corots Entwicklung vollzieht sich in drei Perioden. Die erste steht im Zeichen der klassizistischen Schule. Der junge Corot verbringt erstmalig die Jahre von 1825 bis 1828 in Italien und kehrt in späteren Jahren zweimal dahin zurück. Er kann in den wundervoll durchsichtigen Landschaftsbildern von Rom, der Campagna und den Sabiner Bergen an die große Tradition seiner Landsleute Claude Lorrain und Poussin anknüpfen, die schon im 17. Jahrhundert die herbromantische Schönheit dieser klassischen Stätten entdeckt hatten. Corot setzt die lange Reihe der Nordländer fort, die zu Verkündern der romantischen Schönheit des Südens wurden. Die Klarheit südlicher Formen und südlichen Lichtes lehrte Corot die strengen Gesetze der Bildkomposition. Diese bilden das sichere Gerüst auch der zweiten betont malerischen Periode Corots.

In dieser zweiten Entwicklungsphase wird Corot in Gemeinschaft mit den gleichstrebenden Meistern der Schule von Barbizon der Kunstwürdigkeit der französischen Landschaft gewahr. Als erste hatten die Engländer, voran John Constable, den Reiz der „Paysage intime“ entdeckt. Man glaubt in diesem Umstand eine tiefere Gesetzlichkeit zu erkennen insofern, als gerade die Maler Londons, der ersten Stadt, die sich zur Steinwüste einer modernen Großstadt entwickelt hatte, von der Sehnsucht nach der unberührten Natur ergriffen wurden. Zu Anfang des 19. Jahrhunderts machte dann Paris die Wandlung zur zweiten europäischen Großstadt im modernen Sinne durch, und auch hier entstand in natürlicher Reaktion ein vertieftes Verständnis für die künstlerische Landschaftsdarstellung. Das Landschaftsbild erlangte in dieser Zeit erstmalig künstlerische Vollgültigkeit. Die Bedeutung Corots besteht darin, daß er nicht wie die anderen der Barbizon-Schule sich mit einer leicht idealisierten Abschilderung des Naturbildes begnügte, sondern daß ihm das Naturerlebnis zum Anlaß wurde, aus freier künstlerischer Phantasie eine arkadische Welt zu gestalten. Die romantische Sehnsucht einer Verschmelzung der Gefühle mit dem neu entdeckten Naturgeist findet in Corots Landschaften der zweiten

Periode ihre reinste Ausprägung. Es ist bei Corot nicht die heroische Romantik, wie sie sich bei Delacroix in einer Dramatik der Farben und Bewegtheit der Formen auslebt, es ist vielmehr ein lyrischer Pantheismus, der sich in seinen Landschaftsidyllen ausspricht.

Corot sprach immer davon, daß er nur die Natur wiedergeben wolle. Er konnte so denken, weil er im Schillerschen Sinne ein echt sentimentalischer Künstler war und weil subjektives Empfinden und objektives Erleben bei ihm in einem Gefühl zusammenschmolzen. Corots eigene Worte bestätigen diese Tatsache, wenn er sagt: „Das Schöne in der Kunst, das ist der mit Wahrheit verbundene Eindruck, den wir beim Anblick der Natur empfangen haben. Ich bin beeindruckt, wenn ich irgendeine Landschaft sehe. Während ich versuche, sie gewissenhaft darzustellen, verliert sich keinen Augenblick die Bewegung, die mich ergriffen hat. Die Wirklichkeit ist ein Teil der Kunst, das Gefühl ergänzt sie." Entsprechend diesem Bekenntnis ist in Corots Landschaften alles wahr und doch nicht wirklich, denn er bringt das transzendentale Wahre, das hinter der Wirklichkeit liegt, zum Ausdruck.

So wurde der Stil seiner malerischen Periode mit ihrem Höhepunkt um die fünfziger Jahre immer lockerer und schwereloser. Die stillen Weiher und Flußufer, umstanden von Weiden und Erlen, die Corot an seinem Wohnsitz in Ville d'Avray malte, sind in ihrer fließenden traumhaften Tonalität das Zarteste, was im 19. Jahrhundert in Frankreich gemalt wurde. Corot liebte wie der ihm seelenverwandte Dichter Lamartine die Ruhe des Abends, die Melancholie der Dämmerung, die stillen Gewässer und abgelegenen Täler. Was in Rembrandts Malerei das magisch gleißende Gold der Lichter, ist für

Corot das fließende Silber der Atmosphäre. Er belebt seine Idyllen je nach dem Stimmungsgehalt des Motivs mit Figuren aus der Mythologie, mit Dryaden und Nymphen, manchmal auch mit natürlicher Staffage. Aber dieses figürliche Beiwerk will nicht mehr sein als ein belebender Akzent in der Harmonie des Ganzen. Seine Phantasiegestalten haben auch weniger die Sinnenhaftigkeit der Antike als die Traumhaftigkeit der nordischen Märchenwelt.

Die dritte Periode umfaßt während der letzten 15 Jahre von Corots Schaffen das reine Figurenbild. Das Figurenbild ist „das große Wagnis Corots am Ende seines Lebens" (Bazin). Es ist so gut wie beispiellos in der Kunstgeschichte, daß ein Künstler auf der Höhe des Erfolges sich einem neuen Thema zuwendet. Doch Corot ringt mit den Schwierigkeiten des figuralen Themas in heroischer Weise. Die Umgebung und die Kunstkreise mißbilligen das Wagnis des alten Corot, indes wir sehen heute deutlich, daß er der inneren Vision eines Zukünftigen gefolgt war. Auch die Figurenbilder Corots tragen das Signum der romantischen Empfindung. Seine Frauengestalten, die oft ein Musikinstrument in der herabgesunkenen Hand halten, scheinen in innerer Sammlung und Versunkenheit einer fernen Stimme oder Melodie zu lauschen. Die herbe Schönheit dieser Figurenbilder steht in innerer Verwandtschaft zu den großen Holländern Vermeer van Delft und Rembrandt. Allein auch eine Verbindung zu Leonardo wird in Corots berühmtem Bilde „Mädchen mit Perle" spürbar. Mit einem seherischen Fanatismus dringt Corot zu einer ursprünglich wesenhaften, monumentalen Formanschauung vor, und hier könnte sein Vorbild einen direkten Weg in die Zukunft weisen.

Werk und Mensch stehen im Gleichklang einer edlen Gesinnung. Corot, ein Hüne von Erscheinung mit frischem Gesicht und mächtigen Händen, hatte die Güte eines Kindes oder eines Heiligen. Er war wohltätig über seine Kräfte hinaus, und als der Freund, der geniale Zeichner Daumier, wegen zunehmender Erblindung in Not geriet und die Miete nicht mehr zahlen konnte, kaufte Corot das Häuschen in Valmondois und schenkte es ihm zum Geburtstag.

Hinter der lächelnden Miene, die Corot stets, wie die Zeitgenossen berichten, zur Schau trug, war eine leise und tiefe Melancholie verborgen. Diese Schwermut gibt seinen Bildern jenen tiefen Ernst, der alles wahrhaft Große in der Kunst auszeichnet, seinen Schöpfer hingegen einsam macht. So endete am 22. Februar 1875 das Leben des 78jährigen Meisters in selbstgewählter Einsamkeit.

HONORÉ DAUMIER

Ein Titan der Karikatur

Die großen Künstlerpersönlichkeiten sind die tragenden Pfeiler der geistigen Brücken, welche die Völker verbinden. In einer Zeit des Suchens und Ringens um neue Formen geschichtlicher Gestaltwerdung erscheinen die führenden künstlerischen Vorahner als leuchtende Orientierungspunkte in dem noch herrschenden Dunkel des einzuschlagenden Weges. Von der geistigen Annäherung zwischen Frankreich und Deutschland wird die künftige geschichtliche Entwicklung unseres Kontinentes entscheidend bestimmt werden. Diese Beziehung im geistig-kulturellen Raum muß jedoch nicht erst geschaffen werden. Es geht hier wie dort lediglich um ein stärkeres Bewußtwerden verwandter geistiger Quellen und der Erkenntnis einer gemeinsamen Verantwortung gegenüber der künftigen europäischen Kulturentwicklung. Aber nicht ein nivellierender kultureller Internationalismus dürfte dabei das Ziel sein. Vielmehr ist die Erkenntnis der nationalen Wurzel jeder echten Kulturleistung das schlechthin Bereichernde, da hier Werte sichtbar werden, die nur eine nationale Formensprache zu finden vermochte.

Honoré Daumier ist einer jener großen Künstler, die in ausgeprägter Weise Bürger ihres Volkes und auf einer höheren Ebene gleichzeitig auch geistige Bürger der Menschheit sind. Der Maler und Zeichner Daumier, in Südfrankreich in Marseille 1808 geboren, war mit den typischen französischen Eigenschaften eines leidenschaftlichen Temperamentes und einer starken geistigen Beweglichkeit ausgestattet. Doch da ihm das Schicksal Genie in die Wiege gelegt hatte, umfaßt seine Kunst einen Ideengehalt und Ausdruckswerte, die nicht nur heute noch eine aufrüttelnde Symbolkraft besitzen, sondern zudem weit über die Grenzen seines Volkes hinauswirken. Der Preis dieser Genialität war auch für Daumier ein dornenvoller Lebensweg, ein stetiger Kampf mit den Widerständen, welche die Zeit und die bürgerliche Umwelt, wie stets feindlich jedem Übermaß, für ihn bereithielten.

Wie viele der hervorragenden Maler und Bildhauer stammte auch Daumier aus den unteren Schichten des Volkes. Der Vater, ein armer Glasermeister, der heimlich Verse schrieb, siedelte im Jahre 1816 von Marseille nach Paris über, wo er mit seinen literarischen Hoffnungen Schiffbruch erlitt. Die eigene Enttäuschung war möglicherweise der Grund dafür, daß er von dem früh hervortretenden Talent des Sohnes wenig hielt. So wurde der Knabe zuerst Laufbursche bei einem Advokaten, kam dann zu einem Buchhändler in die Lehre, bis er es endlich durchsetzte, bei irgendeinem fragwürdigen Lehrer etwas Zeichenunterricht zu erhalten. Von einem Kameraden lernt er die Handgriffe der damals noch jungen Technik der Lithographie und zeichnet dann für Verleger Vignetten, Notentitel und dergleichen. Mit diesem Verdienst wird er die Stütze der in dürftigsten Verhältnissen lebenden Familie. Der Zwang zur Brotarbeit sollte ihn sein Leben lang nicht mehr verlassen. Vielleicht hätte es dieses lastenden Gewichtes nicht bedurft, seinem Genie die titanische Auftriebskraft zu schenken, die sein Werk auszeichnend in der Zeit hervorhebt. Unter der moralischen Devise dieses „Dennoch“ vollzieht sich auch seine ganze künstlerische Entwicklung. Die Tatsache, daß er im wesentlichen Autodidakt ist, erklärt manchen sprunghaften Wechsel in Technik und Auffassung, gibt aber auch seinem Schaffen von Anbeginn eine starke Selbständigkeit und Originalität. Es läßt seinen Weg ahnen, daß er auf eigene Faust viel nach antiken Plastiken im Louvre zeichnet. Dieses primäre Interesse für die plastische Form wird eines der charakteristischen Elemente seines zeichnerischen Stils. Die Antiken-Säle des Louvre sind für ihn die fehlende Akademie, wo er die elementaren Grundlagen antiken Formgefühls auf seine Weise wiederentdeckt. Aber er sitzt nicht im Elfenbeinturm des ästhetischen Artisten, der ein neues künstlerisches Formdogma konstituiert, sondern er steht in einem unmittelbaren Kontakt zum Leben und zur Zeit. Ihm eignet eine geradezu journalistische Fähigkeit, aktuelle Probleme der Zeit zu sehen und mit zeichnerischer Sicherheit zu umreißen.

Es hieße antiquierte Maßstäbe auf eine von der Zeit gestellte neue Aufgabe anwenden, wenn man, wie es gedankenlos noch häufig geschieht, in der Kunst der Karikatur Daumiers etwas neben seinem freien malerischen Schaffen Zweitrangiges sehen wollte. Im Gegenteil hat seine geniale Leistung die politische Karikatur zu einer selbständigen Kunstgattung erhoben. Unrichtig ist auch die Behauptung, Daumier selbst habe in der politischen Karikatur nur eine Art zeichnerischer Fronarbeit für den Tag erblickt. Seinem Temperament und seiner scharfen Beobachtungsgabe entsprach von Natur aus die Form der zeichnerischen Abkürzung und Zuspitzung. Hier dokumentiert sich der bewegliche Geist des Südfranzosen, und nur ein solcher konnte diese Schärfe zeichnerischer Pointierung zu einer Kunstform erheben, die wir heute als eine klassische Form französischen Geistes empfinden. Seine Fähigkeit zur karikaturistischen Form war zwar nur eine, aber eine vollwertige Seite von Daumiers künstlerischer Veranlagung. Wenn er später sich von der Tagesarbeit des Aktualitätenzeichnens befreien wollte, so geschah dies nur als Protest gegen die Überlastung, und weil die andere, die malerische Komponente seines vielseitigen Wesens gleichfalls ihr Recht forderte.

Das Schicksal stellte den Zeichner Daumier ohne lange Vorbereitungen mitten in seine Aufgabe. Der bekannte Verleger Philipon, der 1830 die Wochenschrift „Caricature" als Kampforgan gegen das Bürgerkönigtum gegründet hatte, erkennt Daumiers satirische Begabung und macht ihn 1831 zum ständigen Mitarbeiter dieser Zeitschrift. Von da ab beginnt Daumiers mehr als vierzigjährige Tätigkeit als des größten politischen und sozialen Chronisten seiner Epoche und Frankreichs. Seine Karikaturen, in erster Linie die des Bürgerkönigs Louis Philippe, die schnell berühmt werden, verschaffen ihm auch bald eine halbjährige Bekanntschaft mit dem Gefängnis wegen Majestätsbeleidigung. Bezeichnend für die plastische Art der Formauffassung Daumiers ist es, daß er während der Sitzungen der Deputiertenkammer kleine Büsten der Abgeordneten in Ton als Modelle für seine Zeichnungen formte. Hier kündigt sich schon jenes Element eines plastisch-monumentalen Formenstils an, der in seinen reifsten Ausformungen es erlaubt, von michelangelesken Elementen in Daumiers Stil zu sprechen, ohne daß man sich einer Blasphemie schuldig machte. In das Jahr 1835 fallen der Erlaß der Septembergesetze gegen die Presse, das Verbot der politischen Satire und das Ende der „Caricature".

Nun betritt Daumier eine andere Arena, nämlich das Gebiet der sozialkritischen Karikatur. In der illustrierten Tageszeitung „Charivari“ wird er mit seinem Stift zum Ankläger der sozialen Mißstände und zum Geißler der Schwächen der bürgerlichen Gesellschaft. Er schildert den kleinen Bourgeois in aller seiner Eigenliebe und seinen Schwächen, mit seinem breiten gallischen Lachen, mit seiner spielerischen Eitelkeit, aber auch mit seiner Gutmütigkeit — sein Stift ist schonungslos, jedoch ohne ätzende Schärfe und, wie Baudelaire es ausdrückt: „Sein Lachen ist ohne Grimasse.“

Einen Höhepunkt seiner karikaturistischen Kunst bildet der Zyklus „Die Leute der Justiz“. Dieses Milieu hat ihn immer wieder beschäftigt, und er mag hier auf Eindrücke zurückgegriffen haben, die er in seiner Jugend als „Rinnsteinhüpfer“, wie man die Aktenträger in Paris nannte, gesammelt hat. Auch hier zeigt sich die besondere Gabe Daumiers, die Intimität der Beobachtung durch die Wucht der Darstellung ins Monumentale zu erheben. Ebenso feiert die Treffsicherheit seiner Charakterisierungskunst hier Triumphe. Die Zeichnung ist zur knappsten Formel des Ausdrucks, zu einer Hieroglyphe geworden. Mit einem Zeichenkringel gibt er den ganzen Ausdruck eines Kopfes, mit dem Wurf einer einzigen Linie die Physiognomie einer ganzen Gestalt, mit wenigen Strichen ein ganzes menschliches Drama. Hier offenbart sich auch der Psychologe und Philosoph, der den Schleier von den Dingen so weit zurückzuziehen weiß, daß das Dämonische und Hintergründige der Erscheinung spürbar wird. Der Justizpalast inmitten der Großstadt Paris ist für Daumier der Ort unheimlicher Phantastik. Er schildert ihn, als wenn er über seinem Tor die warnende Inschrift über Dantes Höllenpforte „Laßt alle Hoffnung sinken“ gelesen hätte. Der französische Schriftsteller Goncourt hat das Einmalige dieser Justizdarstellungen zwingend geschildert. Er schreibt in einer Notiz vom Jahre 1865: „Neulich sah ich im Vorbeigehen in der Rue Laffite mächtige Aquarelle von Daumier. Diese Aquarelle stellen Panathenäen der Justiz dar, Züge der Richter defilieren auf bleiernen Hintergründen. Das ist mit chinesischer Tusche hingewischt larvenhaft phantastisch. Die Köpfe sind scheußlich, ein Feixen, ein Schmunzeln, das Angst macht. Diese schwarzen Männer haben eine gewisse Häßlichkeit wie schreckliche antike Masken mitten in einer Amtsstube — seine Advokaten sind wie Molièresche Gestalten." Mit diesen Karikaturen vollzieht Daumier einen moralischen Auftrag als ein bevollmächtigter Tribun des Volkes, als ein Warner.

Daumier hat im Laufe seines Lebens rund viertausend Lithographien neben Hunderten von Zeichnungen und Holzschnitten geschaffen. Die letzte politische Karikatur im „Charivari" erschien 1873. Der vor Überanstrengung fast erblindete Künstler hatte den Stift aus der Hand legen müssen.

Neben diesem gigantischen Karikaturenwerk steht noch ein ungewöhnlich malerisches Schaffen. Es erscheint müßig, die beiden Seiten in Daumiers Oeuvre wertmäßig zu vergleichen. Ebenso unberechtigt wäre das Bedauern darüber, daß die malerische Seite in Daumiers Begabung nicht zu voller Entfaltung gekommen ist und daß sein malerisches Schaffen ein Torso blieb, weil es ihm versagt war, die barocke Formenkraft seiner Figuren in der Art der Renaissance-Künstler in Wandbildern zu bewähren. Richtiger ist es, auch darin die Größe Daumiers anzuerkennen, daß er in genialer Weise in der fragmentarischen Form seiner

Malerei gleichfalls Endgültiges zu geben vermochte. So gesehen, erscheint das Fragmentarische als ein Teil seines Wesens und darüber hinaus als gemeistertes Schicksal.

Daumier wollte sich 1860 ganz dem freien malerischen Schaffen widmen. Es gelang ihm nicht, sich als freier Künstler durchzusetzen. Er schuf in diesen zwei Jahren die meisten seiner großangelegten Aquarelle und Bilder mit Themen nach Lafontaine und Molière. Diese Bilder und Aquarelle mußte er um ein Butterbrot verschleudern, weil man dem als Karikaturisten abgestempelten Künstler keine vollwertige malerische Leistung zutraute. Er wurde zu seinen Lebzeiten nur von Künstlern erkannt und geschätzt. Delacroix hat seine Zeichnungen kopiert, Corot stand ihm ein Leben lang mit Verehrung und Freundschaft zur Seite. Als Maler wäre Daumier verhungert. Er mußte 1863 zum „Charivari" zurückkehren. Heute weiß man, daß er trotzdem mit allen Kräften, ja weit über diese hinausgehend, sein malerisches Werk weitergeführt hat.

Das malerische Schaffen Daumiers stand unter dem dämonischen Zwang genialer zukunftsträchtiger Visionen. Die Themen seiner Bilder sind das Theatermilieu, Schausteller, Seiltänzer, das Elend der Großstadt, Menschen im Bahnabteil 3. Klasse, Wäscherinnen und Badende. Alle diese Themen sind höchst unsentimental erfaßt und von einem echten Pathos großer Formen erfüllt. Eines seiner Lieblingsthemen, das er in 27 Variationen behandelt hat, ist „Don Quichotte und Sancho Pansa". Das Buch des Cervantes war für ihn eine Art philosophischer Bibel. Er sah im Don Quichotte ein allgemeines Symbol des zu allen Zeiten verlachten Kämpfers für unzeitgemäße Ideale.

Die Entdeckung Daumiers als eines der größten Maler des

19. Jahrhunderts erfolgte erst fünfundzwanzig Jahre nach seinem Tode. Man erkannte damals, daß in der französischen Malerei der ersten Hälfte des 19. Jahrhunderts sein Werk kongenial neben dem Delacroix' steht. Auch in Daumiers Werk ist das große Erbe der malerischen Tradition Frankreichs neu erstanden. Wenn man Daumier genauso wie Delacroix als Romantiker in Frankreich bezeichnet, so ist darunter nicht der mehr religiöse Begriff der deutschen Romantik zu verstehen. Das Romantische in der französischen Kunst ist dem absolut Malerischen gleichzusetzen und ruht auf einem barocken Formgefühl. Daumier hat dieses barocke Pathos Delacroix', aber er hat darüber hinaus Elemente einer visionären Anschauung, die ihn in die Nähe der hohen mystischen Kunst eines Rembrandt und der Dämonie eines Goya führt. Je weiter die Zeit fortschreitet, um so zeitloser erscheinen die künstlerische Sprache und der Stil dieses bedeutenden malerischen Dramatikers.

GIOVANNI SEGANTINI

Das Leben des großen italienischen Malers der Hochgebirgswelt, Giovanni Segantini, ist der überzeugendste Beweis für die These, daß das wahre künstlerische Genie sich gegen alle Widerstände durchsetzt. Der Werdegang Segantinis stellt eine der merkwürdigsten Biographien der Kunstgeschichte dar.

Giovanni Segantini wurde am 15. Januar 1858 in Arco am nördlichen Ende des Gardasees als Sohn des Schreiners Antonio Segantini und seiner dritten Frau Magdalena de Gisardi geboren. Der Vater war um zwanzig Jahre älter als die Mutter, die dem alten Bauernadel der Gegend entstammte. Die Umstände, in die das Schicksal Giovanni hineingestellt hatte, waren sehr dürftig, aber zunächst nicht unfreundlich. Das bescheidene Haus mit dem kleinen Garten in der romantischen landschaftlichen Umgebung war für Segantini später das unvergeßliche Paradies seiner frühesten Kindheit. Das Unglück brach über die Familie herein, als die Mutter, die seit der Geburt Giovannis krank war, starb, als der Knabe kaum fünf Jahre alt war. Der Vater, der wegen der Krankheit der Mutter ein Jahr vor ihrem Tode nach Trient gezogen war, hatte sich wirtschaftlich ruiniert, und er zog mit dem fünfjährigen Giovanni nach Mailand zu einem erwachsenen Sohn und einer Tochter aus erster Ehe, die dort eine Drogerie und eine kleine Parfümfabrikation betrieben. Doch kamen sie dort sehr zur Unzeit an, denn die Fabrikation ging so schlecht, daß das Geschäft und die Möbel verkauft werden mußten. Der Vater entschloß sich, mit dem ältesten Sohn nach Frankreich auszuwandern; er ließ den fünfjährigen Giovanni in der Obhut der älteren Stiefschwester und versprach, bald wiederzukehren. Die Stiefschwester, die zwei dürftige Dachkammern bezog, mußte, da sie tagsüber arbeiten ging, das Kind sich selbst überlassen. Irgendwelche sozialen Einrichtungen gab es damals in Italien nicht, und der kleine Junge verbrachte Monate eingeschlossen in der Dachkammer oder auf dem schmalen Vorplatz. Hier schon machte er Bekanntschaft mit dem Glück und dem Leid einsamer Phantasie. In dem Fragment einer späteren Selbstbiographie hat Segantini in ergreifender Weise die Nöte und Leiden dieser traurigen Kindheit geschildert. Das Kind verzehrte sich in Sehnsucht nach der toten Mutter, deren schöne, bleiche Gesichtszüge ihm stets vor Augen standen, es hatte Heimweh nach dem Gärtchen in Arco und wartete sehnsüchtig auf die Rückkehr des Vaters, der verschollen blieb und von dem Segantini nie wieder etwas hörte. Das unglückliche Kind beschloß, angeregt durch ein Gespräch, das es auf der Treppe erlauscht hatte, dem Vater nach Frankreich zu folgen. Als die Schwester eines Tages wieder zur Arbeit ging, besorgte sich der Knabe beim Bäcker einen halben Laib Brot und machte sich zu Fuß auf die Wanderschaft nach Frankreich. Er glaubte den Weg zu kennen, da der Vater ihm auf einem Spaziergang durch Mailand einmal den Torbogen gezeigt hatte, durch den seinerzeit die französischen Truppen Napoleons nach Mailand gekommen waren. Nach Tagen wurde dann das völlig durchnäßte und vor Erschöpfung am Straßenrand eingeschlafene Kind in der Nähe der Simplonstraße von Bauern aufgefunden. Da der Kleine unter

Camille Corot, Toilette

Honoré Daumier, Der Advokat

keinen Umständen zurück wollte, behielten die Bauern das Kind mit den kühnen und edlen Zügen unter dem schwarzen Haarschopf als Schweinehirten. Erst nach Jahr und Tag wurde er zu seiner Stiefschwester, die inzwischen einen Gastwirt geheiratet hatte, zurückgebracht. Aber auch bei ihr durfte er nicht bleiben und wurde wegen eines harmlosen Streiches in eine Mailänder Besserungsanstalt gesteckt, wo er jahrelang in der Schuhflickerei beschäftigt wurde. Ein Anstaltsgeistlicher soll dann das künstlerische Talent des intelligenten Knaben erkannt und gefördert haben, indem er ihm von dem frommen Malermönch Fra Angelico erzählte und Abbildungen zeigte und so dem einsamen Knaben eine ganz neue Welt erschloß. Von 1874 an arbeitete er als Ladengehilfe bei einem Stiefbruder; später kam er zu einem Mailänder Original, dem Dekorationsmaler und Rezitator Tettamanzi, in die Lehre. Gleichzeitig ermöglichten ihm Gönner den Besuch der Abendkurse in der Kunstschule der Brera. Da er bald mehr konnte als der verbummelte Maler Tettamanzi, kehrte er dieser Lehre den Rücken und verdiente sich seinen Unterhalt, indem er anatomische Tafeln zu Lehrzwecken für die Mailänder Klinik zeichnete.

Sehr bald stellt er sich kurzerhand auf eigene Füße. Was hat er schon zu riskieren, da ihm das Hungern und die Nöte der Obdachlosigkeit von Kindheit an vertraut sind? Nun wendet sich das harte Los des genialen Waisenkindes. Das Schicksal führt ihm Freunde und Helfer zu, und es beginnt ein steiler Aufstieg zu künstlerischer Höhe. Die Galerie der Brüder Grubicy in Mailand, zweier aus Ungarn eingewanderter Kunsthändler, veranstaltete eine Gedächtnisausstellung für den jung verstorbenen Maler Tranquillo Cremona, den der junge Segantini hoch verehrte. Er betrat die Ausstellung, so wie er vom Malen in der Nähe von Mailand gekommen war; seine derben, schmutzigen Schuhe und seine ärmliche Kleidung paßten schlecht in die gepflegte Atmosphäre der Kunstgalerie. Es wird berichtet, daß Vittore Grubicy den merkwürdigen Besucher aus dem Salon hinauskomplimentieren wollte, dieser aber schweigend im Betrachten der Gemälde fortfuhr. Solch eine intensive Aufmerksamkeit fiel Vittore Grubicy, der selbst Maler war, auf, und er zog den eigenartigen Besucher in ein Gespräch, im Verlauf dessen er dann die ungewöhnliche Persönlichkeit des jungen Segantini erkannte. So begann eine Freundschaft fürs Leben, die für die künstlerische Entwicklung Segantinis von entscheidender Bedeutung wurde. Die Brüder Grubicy verschafften dem jungen Künstler die ersten Aufträge, namentlich für Stilleben, und zahlten ihm täglich fünf Lire, wofür Segantini ihnen den Verkauf seiner Produktion überließ. Auf dieser Basis konnte Segantini ein Atelier auf der Via San Marco hinter der Brera mieten, und es begann eine fruchtbare künstlerische Tätigkeit. Er malte hier sein erstes großes Bild, den „Chor von S. Antonio", ein Interieur, das durch die malerische Freiheit der Lichtbehandlung Aufsehen erregte.

Schon in dieser ersten Schaffensperiode machte sich bei Segantini eine neuartige malerische Behandlung des Lichtes bemerkbar; ohne daß er die gleichzeitigen Bestrebungen der Pointillisten in Frankreich und Belgien kannte, kam er zu einer Zerlegung der Farben in ihre Grundtöne, um so dem Licht und Schatten erhöhte Leuchtkraft zu verleihen. Man hat diese Art der Zer-

legung der Grundfarben in Italien „Divisionismus“ genannt und Segantini als den Entdecker dieser Malweise gefeiert. In dieser Zeit entstand auch das Bildnis von Frau Torelli, der Gattin des Herausgebers der Zeitung Corriere della Sera, er wurde einer der eifrigsten Förderer der Kunst Segantinis. Als dieses Bildnis in den letzten Jahren wieder auftauchte, bemerkte man mit Überraschung, wie nahe dieses Bild in seiner malerischen Kühnheit und Freiheit der Auffassung den Werken des großen französischen Malers Manet stand, den Segantini gar nicht gekannt hatte. In dieser Zeit malte Segantini auch ein Bildnis, das sein Leben entscheidend veränderte. Es war ein Frauenbild, das eine Falknerin nach der Romangestalt „Bice dei Balzi“ zeigte. Als Modell diente ein zartes blondes Mädchen, die siebzehnjährige Schwester des befreundeten Kunsttischlers Bugatti. Kurze Zeit nach der Vollendung dieses Bildes wurde Luigia, von Segantini stets Bice genannt, seine Lebensgefährtin, die ihm vier Kinder schenkte und die seine künstlerische Entwicklung mit seltener Einfühlungsgabe begleitete.
Bereits in der Anfangsperiode sind die besten Bilder Segantinis Landschaften, die er von seinen weiten Wanderungen in der Umgebung Mailands mitbrachte. In diesen Stimmungsbildern mit sparsamer menschlicher Staffage klingt schon das Hauptthema seiner reifen Werke, die Darstellung der Harmonie von Mensch und Landschaft, deutlich an.
Mit vierundzwanzig Jahren hatte Segantini bereits die handwerklich malerische Sicherheit, die notwendig war, um sich seinen großen Themen zuwenden zu können. Es wurde oft so dargestellt, als wenn ihm die Anregung

zu seinen Bildthemen und die Art der Naturauffassung allein von außen her zugewachsen wäre. Wer in Segantinis Kunst jedoch nur den Naturalismus sehen und werten wollte, würde am Wesentlichen, nämlich an der Tatsache vorübergehen, daß für ihn die Natur nur das Substrat für die Gestaltung einer höheren künstlerischen Idealität der Wirklichkeit war. Er suchte in der Natur vor allem die Ausdruckselemente für die Gestaltung seiner künstlerischen Intuition, und er fand sie da, wo in der unberührten Natur Mensch und Landschaft noch in urtümlicher Weise zusammengehörten.

In einer Schaffenszeit von noch nicht zwanzig Jahren leistete Segantini als ein einzelner und Einsamer den entscheidenden Beitrag Italiens zum Durchbruch einer neuen malerischen Sehweise innerhalb der Kunst des 19. Jahrhunderts. Aber er begnügt sich nicht mit einer zum Selbstzweck erhobenen malerischen Form, denn Segantini zählt mit Böcklin, Hodler und Thoma zu den letzten Vertretern der idealistischen Richtung in der europäischen Malerei.

Er hat den Weg zur Reife in drei Schaffensperioden zurückgelegt, die mit den Namen der Landschaften verbunden sind, die ihn in diesen Etappen künstlerisch befruchteten. Für die erste Periode von 1881 bis 1886 bildete Brianza, die seenreiche Hügellandschaft nördlich von Mailand am Südende des Comersees, den Hintergrund. Inmitten von einfachen Bauern mit ihren Schafherden fand er die Motive, die seiner inneren Vision entsprachen. Er befreite sich hier vom Realismus der Mailänder Anfänge; in seine Landschafts- und Menschendarstellung kam ein starker lyrischer Ton. Das Erlebnis dieses urtümlichen Pastorale hat ihm den Einfall für das bedeutendste Werk dieser Periode, das „Ave Maria“ genannte Bild, geschenkt. In schlichter Weise ist ohne jedes Pathos die Heimkehr einer Schafherde im Boot über den See mit dem Hirten und einer Mutter mit ihrem Kinde im Arm vor dem gelblichen Schein der untergehenden Abendsonne dargestellt. Durch die feinen Kontraste der Flächen und Linien, der dunklen und hellen Farben hat Segantini das Motiv zu monumentaler Eindringlichkeit gesteigert. Dieses Gemälde, in Mailand abgewiesen, erhielt ein Jahr darauf in Amsterdam die goldene Medaille und begründete den Ruhm des jungen Malers. In diesem Bilde erscheint erstmalig auch das Thema der Mutterschaft, das Segantini immer wieder anzog. Im Herzen des Waisenkindes war die Sehnsucht nach der Mütterlichkeit und dem Mysterium der Mutterliebe in ganz besonderer Weise lebendig. Das Ethos, mit dem Segantini die Größe und Verwandtschaft aller Mutterschaft empfand, kommt in dem bekannten Bilde „Die zwei Mütter“ zum Ausdruck. In einem Stall sitzt eine Mutter mit ihrem Säugling am Arm neben einer Kuh, die gerade gekalbt hat. Der Lichtschein einer Stallaterne umfängt die Gruppe der beiden Mütter mit der Harmonie des Lichtes, die der Szene eine hohe Symbolik verleiht. Man hat Segantinis Schaffen in dieser Periode nicht zu Unrecht mit der Kunst des berühmten französischen Bauernmalers Millet verglichen. Diese Verwandtschaft besteht ohne jede direkte Beeinflussung und beruht auf dem Phänomen der Allgemeingültigkeit künstlerischer Gedanken.

Die zweite Entwicklungsetappe Segantinis ist mit dem Namen des Ortes Savognin (1886 bis 1894) in Grau-

bünden verbunden. Hier fand er das Hochgebirgsmotiv als sein eigentliches Thema, hier erlebte er die ganze Kraft der Farbe und entdeckte die malerische Methode, das strahlende Licht der Bergwelt in ungebrochene Farben einzufangen. Es wurde ihm bewußt, daß im Hochgebirge, wo Nähe und Ferne in kristallener Klarheit der Luft in unerhörter Lichtfülle und Plastizität erstrahlen, neue Mittel der Malweise nötig werden. Statt die Farben auf der Palette zu mischen, setzte er sie in kurzen, feinen Pinselstrichen direkt auf der Leinwand ungebrochen nebeneinander. So entstand eine in Licht vibrierende Farboberfläche, die man treffend mit dem Gewebe eines Gobelins verglichen hat. Doch anders als die französischen Pointillisten löst er die Gegenstände nie auf, seine Zeichnung bleibt klar und bestimmt, denn das Malerische ist ihm niemals Selbstzweck, sondern nur das Mittel, seine Idee der Urharmonie von Landschaft, Mensch und Tier farbig symphonisch zu gestalten.
Die dritte Periode ist mit dem Namen des Ortes Maloja im oberen Engadin verbunden. In den Jahren von 1894 bis 1899 erreichte hier Segantinis Gestaltung der Hochgebirgsnatur ihre reife Meisterschaft. In den letzten Lebensjahren hat Segantini auch ein gedanklich beladener Symbolismus beschäftigt. Bilder wie „Die bösen Mütter“, der „Engel des Lebens“ und andere nähern sich gedanklich englischen Symbolisten wie Burne-Jones, und hier wird auch eine Verbindung zu den Tendenzen des Jugendstils erkennbar. Aber Segantinis letztes großes Werk, das unvollendet blieb, führte ihn wieder zur monumentalen Darstellung der Bergwelt. In einem Tryptichon „Sein“, „Werden“ und „Vergehen“ wollte

er eine künstlerische Summe geben. Obwohl Segantini die Motive seiner Bilder nicht sklavisch abmalte, sondern bewußt komponierte, war es seine strenge Gewohnheit, die Farbenstimmung unmittelbar vor der Natur zu malen. So hatte er auch eines dieser Bilder des Tryptichons Mitte September 1899 auf den Schafberg oberhalb Pontresina bringen lassen, um es dort vor der Natur zu vollenden. Segantini war von strotzender Gesundheit und erst 41 Jahre alt, da stellte sich dort beim Malen in der einsamen Bergwelt eine Bauchfellentzündung ein, der er am 28. September 1899 erlag. Als Segantini starb, hatte er den Zenit seines Ruhmes erreicht. Die in anderer Richtung laufende Kunstentwicklung hat dann sein Schaffen aus dem Blickpunkt der Zeit verdrängt. Allmählich aber macht sich ein deutlicher Wandel in der Beurteilung der Kunst Segantinis bemerkbar.

Man beginnt zu erkennen, daß er genau wie Hodler, Toulouse-Lautrec, van Gogh und Munch die Malerei aus der Einseitigkeit der sensualistischen Anschauung des Impressionismus zu einer im ethischen und geistigen Sinne gesteigerten Ausdruckskraft geführt hat. Und man erfaßt heute auch, daß Segantini sein Glaubensbekenntnis: „Die Kunst ist das Fenster, durch das der menschliche Geist seine höhere Fähigkeit erkennt“ in bleibenden Werken verwirklicht hat.

VEIT STOSS

Wunder in Holz

Man darf diesen Titel über das Gesamtwerk des gotischen Bildschnitzers Veit Stoß stellen, ohne in den Verdacht nationaler Überheblichkeit zu geraten, denn es war der bekannte italienische Kunstgeschichtsschreiber Vasari, der ein Werk des deutschen Meisters in dieser Weise rühmend hervorgehoben hatte. Durch einen unbekannten Stifter war eine Statue des heiligen Rochus in die Florentiner Kirche S. Annunziata gelangt, und Vasari, der große Chronist der italienischen Renaissance, hatte dieses Werk ein „miracolo de legno — ein Wunder in Holz“ genannt. Dieses Wort Vasaris bedeutet viel, denn es zeigt, daß auch für das hohe Formgefühl des italienischen Kunstgeschmacks die Größe der Kunst des nordischen Gotikers erkennbar war und als etwas Einzigartiges empfunden wurde. Dieses Urteil steht als ein gewichtiges Zeugnis gegen die lange geübte Konvention, die deutsche Kunst im allgemeinen und die gotische im besonderen als „formfeindlich“, als ausdrucksstark, aber für das Kunstempfinden der anderen Völker als „barbarisch“ anzusehen.

Es ist fast viereinhalb Jahrhunderte nach dem Tode des Veit Stoß — er starb Anfang des Jahres 1533 — eine kunstgeschichtlich unantastbare Gewißheit, daß er zu den bedeutendsten Plastikern der künstlerischen Geniezeit der deutschen Kunst des 15. Jahrhunderts gehört. Es genügt indessen keinesfalls, eine so einmalige Erscheinung wie Veit Stoß auf den hohen Sockel der kunstgeschichtlichen Wertung zu stellen, denn ihre Bedeutung will aus jeder geistigen Zeitlage heraus neu verstanden und erlebt werden. Man kann das Werk von Veit Stoß wie jede andere Kunst insonderheit als eine formschöpferische Leistung von ungewöhnlicher Vollendung bewundern und rein ästhetisch genießen. So mag sie Vasari vor allem als ein artistisches Wunder betrachtet haben. Man glaubt jedoch herauszufühlen, daß schon in Vasaris Worten sich ein Wissen um ein Anderssein dieser Kunst ausspricht, denn er betont, daß dieses Wunder der Form sich im Werkstoff des Holzes realisiert hat. Das Holz ist ein gewachsenes Material, das in besonderer Weise dem organischen Formbewußtsein der Kunst des Nordens entspricht. Es war von den vorgeschichtlichen Anfängen bis weit in die Zeit des Spätbarock der bevorzugte Werkstoff der nordischen und speziell der deutschen Plastik, während in der Kunst Italiens und Frankreichs das Holz nur eine geringe Rolle spielt. Die größten deutschen Plastiker waren Holzschnitzer; mit dem Schnitzmesser hat die deutsche Kunst geistig und formal Inhalte gestaltet, deren Aussage sie in der Malerei gar nicht oder erst viel später erreicht hatte.

Die Epoche der deutschen Gotik hat von 1400 bis zum Beginn des 16. Jahrhunderts eine Fülle der plastischen Begabungen, namentlich auf dem Gebiet der Bildschnitzerei hervorgebracht. Man braucht nur die Namen Hans Multscher, Michael Pacher, Simon Lainberger, Gregor Ehrhart und Tilman Riemenschneider zu nennen, um den bildnerischen Reichtum dieses Jahrhunderts zu verdeutlichen. Veit Stoß, vermutlich kurz vor der Jahrhundertmitte etwa um 1445 geboren, sollte diese große Epoche deutscher Plastik vollenden und das geniale Schlußwort der Spätgotik sprechen.

Das Lebenswerk des Veit Stoß ist in eine gewaltige Umbruchszeit der deutschen Kunst- und Geistesentwicklung hineingestellt und nur vor dem Hintergrunde der Zeit in seiner ganzen Tiefe verständlich. Etwa drei Jahrzehnte älter als Dürer, erlebt er den Prozeß der immer stärker werdenden Ablösung der Kunst von dem bis dahin tragenden religiösen Untergrund bis zum Erwachen der Fragen und Sorgen und des künstlerisch selbstverantwortlichen Bewußtseins, wie es Dürers Selbstbildnisse so symbolisch verdeutlichen. Er wird fünfundachtzig Jahre alt, erlebt die Stürme der Reformation, er überlebt Dürer um fünf Jahre und verteidigt in seinem Werk die Tradition der gotischen Ausdruckskunst gegen alle Einbrüche der wirklichkeitsnahen Renaissance als dem Süden. Sein Leben endet mit dem großen „Künstlersterben“ der dreiißger Jahre des Jahrhunderts, in dem die altdeutsche Kunst endgültig vergeht. In diese gewaltige Dynamik des Zeitenumbruches sehen wir Veit Stoß hineingestellt mit dem ganzen Ungestüm eines leidenschaftlichen Temperaments. Er wurde mit Recht eine vulkanische Natur genannt. Man weiß von der Jugend und seinen künstlerischen Anfängen wenig. Es ist ungewiß, ob er in Dinkelsbühl oder in Nürnberg geboren wurde. Auch kann nur auf Grund stilistischer Beziehungen vermutet werden, daß er in der Lehre des Simon Lainberger und so ein Enkelschüler des straßburgisch-niederländischen Meisters Nikolaus Gerhart von Leyden war. Sicher ist, daß er von den Eltern her das Nürnberger Bürgerrecht besaß und daß er es aufgab, als er 1477 nach Krakau auswanderte. Es ist unbekannt, ob ihn bereits der Auftrag für das große Werk, das er dann in Krakau schuf, dorthin geführt hat; zweifellos war es auch die Unruhe eines angeborenen Wandertriebes, die ihn zur Auswanderung nach Polen veranlaßt hatte. Gottfried Keller hat im „Grünen Heinrich“ auf die merkwürdige Tatsache hingewiesen, daß das Größte unseres Volkes oft an seinen äußersten Grenzen geleistet werde. Der Marienaltar des Veit Stoß in Krakau und das Werk Peter Parlers in Prag sind dafür die stärksten Beispiele. Man kann dieses Phänomen nicht erklären, sondern nur vorsichtig vermuten, daß die Großzügigkeit des kolonialen Deutschtums vorzugsweise im Osten die Entfaltung der künstlerischen Kräfte in besonderem Maße steigerte.

Aus der geschichtlichen Perspektive gesehen, erscheint darum das Überwechseln eines der stärksten Talente der Gotik in den kolonialen Kulturraum des Ostens von einer inneren geschichtlichen Logik bestimmt. Durch fast 20 Jahre, fern von der gesamtdeutschen Kunstentwicklung, auf sich selbst gestellt, aber auch erlöst von der Enge heimatlichen Zunftzwanges, hat sich die Kunst Veit Stoß' freier als die gleichzeitige innerdeutsche Kunst entfaltet. Veit Stoß hat in Krakau für die deutsche Gemeinde im Chor der Marienkirche den gewaltigsten Schnitzaltar der deutschen Gotik geschaffen. Seit 1430 waren die Schnitzaltäre das vornehmste Objekt und das künstlerische Hauptziel der gotischen Plastik. Das Streben nach dem architektonischen, plastischen und malerischen Gesamtkunstwerk fand in diesen Schnitzaltären von riesigen Ausmaßen seinen Niederschlag. Neben dem Marienaltar des Michael Pacher in St. Wolfgang und dem Altar von Kefermarkt ist der Krakauer Marienaltar des Veit Stoß das großartigste Beispiel der ganzen Gattung. Schon die Ausmaße sind gewaltig. Die Höhe beträgt 13,5 m, die Figuren des Mittelschreins sind überlebensgroß und erreichen teilweise die Höhe von 2,8 m.

Im Hauptschrein ist der Tod Mariens dargestellt, und zwar in der ostdeutschen Auffassung nicht einer liegenden, sondern im Knien hinsinkenden Maria, die, von den zwölf Aposteln umgeben, von den Händen des mittelsten im Zusammensinken gehalten wird. Während Maria, zeitlos und alterlos, zu den anmutigsten Gestalten gehört, die die deutsche Kunst hervorgebracht hat, sind die Apostel mit ungewöhnlich männlicher Ausdruckskraft charakterisiert. Die Bewegungen sind von statuarischer Strenge, und bei aller Verhaltenheit der Gesten erscheinen diese Apostelgestalten wie von einem inneren Feuer durchglüht. Obwohl die Schreingruppe durch den gotischen Schwung der bewegten Gewandfalten rhythmisch verflochten ist und durch die raumschaffende Bewegung der Durchbrüche und die Gruppierung der Figuren von starker Dramatik erfüllt erscheint, ist die Formgebung von erstaunlicher Einfachheit und einer Monumentalität, wie sie in der Gotik vereinzelt dasteht. Man hat nicht mit Unrecht hier von dem geheimnisvollen Prozeß einer Wiederbelebung der großen Formensprache der stauffischen Plastik gesprochen. Vor allem sind die Köpfe und Hände von einer beispiellosen Feinheit und Vollendung der Formen. Bei Veit Stoß hat die deutsche Plastik in der figürlichen Gestaltung durch die besondere Steigerung des Blickes und die Sprache der Hände eine einzigartige Vergeistigung erfahren.

Der Krakauer Marienaltar wurde bei seiner Vollendung nach zwölfjähriger Arbeit nicht nur von der deutschen

Gemeinde, sondern auch von den Polen rückhaltlos als ein Meisterwerk bewundert. Noch sieben Jahre danach wirkte Veit Stoß in Krakau und schuf in dieser Zeit unter anderem das monumentale Marmorgrabmal des Königs Jagiello II. Die Marmorplatte dieses Grabmals im Dom auf dem Wawel ist signiert mit dem Namen „Veit Stuoß, 1492". An diese Schreibweise mit dem eingeschobenen Buchstaben „u" hatte sich der Versuch geklammert, Veit Stoß für die polnische Nation zu annektieren. Dieser Versuch ist genauso wie im Falle des Kopernikus einwandfrei gescheitert. Die wissenschaftliche Forschung hat bewiesen, daß die Schreibweise Stuoß auf dem Jagellonen-Grab genauso wie die ein andermal in einem Schreiben verwendete Schreibart des Namens Stwoß nichts mit dem Polnischen zu tun hat, da ein solches Wort gar nicht in der polnischen Sprache vorhanden ist, sondern daß es sich dabei um eine gerade für das deutsche Spätmittelalter charakteristische vokalische Schreibmode handelt. Die Einschiebung des „w" oder „u" will die der Nürnberger Mundart eigentümliche, nach „u" hinneigende Klangform des langen „o" im Namen Stoß bezeichnen. Dazu kommt, daß der Zeitchronist Johann Neudörfer Veit Stoß in einem erhaltenen Dokument als „Alemanus" bezeichnet. Diese Fragen haben nichts mit nationalem Chauvinismus zu tun. Jede nationale Kunstgeschichtsschreibung verliert durch unrichtige Annektionen ihre innere Glaubwürdigkeit, ohne dabei an Prestige zu gewinnen. Man muß zur Ehre der polnischen Wissenschaft anerkennen, daß inzwischen auch maßgebende polnische Forscher — genannt sei nur der Sprachwissenschaftler Kleczkowski — von dem Versuch abgerückt sind, Veit Stoß zu polonisieren.

Veit Stoß kehrt nach fast zwanzigjähriger Abwesenheit nach Nürnberg zurück, und hier nimmt sein persönliches Schicksal eine so unglückliche Wendung, daß man ihn mit Recht eine der tragischsten Persönlichkeiten der deutschen Kunstgeschichte nennen kann. Er wird in Geldgeschäften betrogen und läßt sich im guten Glauben seines moralischen Rechtes zur Fälschung eines Schuldscheins verleiten. Anstelle der verwirkten Todesstrafe wird er am 4. Dezember 1504 öffentlich an beiden Wangen gebrannt und muß schwören, Nürnberg nie mehr ohne Erlaubnis des Rates zu verlassen. Sein weiteres Leben wird ein tragischer Michael-Kohlhaas-Kampf um sein immerhin moralisches Recht. Wir wollen Bekanntes nicht wiederholen; man kann sich unmöglich vorstellen, was der gefesselte Adlergeist des Veit Stoß unter der Last der Ächtung erleiden mußte. Die Nürnberger Krämerseelen waren auch nicht umzustimmen, als Kaiser Maximilian I., der die künstlerische Kraft des Veit Stoß für die Gestaltung seines Innsbrucker Grabmals gewinnen wollte, die Ächtung 1507 durch einen Freibrief aufhob. Die Tonfiguren, die Veit Stoß für das Maximiliansgrab geformt hatte, vertrockneten und verfielen, weil kein Nürnberger Rotgießer die Arbeiten des geächteten Meisters gießen wollte.
Für die künstlerische Betrachtung sind diese tragischen Lebensumstände aber nur insofern von Bedeutung, als sie auf die künstlerische Entwicklung unmittelbar eingewirkt haben. Der bekannte Kunsthistoriker Pinder hat festgestellt: „Schön ist es, daß alle gefühlvollen Hoffnungen auf die Vermerkbarkeit des großen Unglücks von 1503 vor den Werken enttäuscht werden. Leiden kann vertiefen. Eine Seele wie die des Stoß

bedurfte dessen kaum, sie brauchte nur ihrer eigenen Stimme zu lauschen.“ Wenn man es recht bedenkt, so wird diese zunächst überraschende Feststellung der Größe von Veit Stoß eher gerecht, als wenn man annehmen müßte, daß die persönliche Tragik die innere Richtung seines künstlerischen Wollens verändert hätte. Seine künstlerische Leidenschaft war ursprünglicher Natur, war geistiger Art und daher von allen äußeren Einflüssen unabhängig. Das Künstlerische und das Menschliche sind jedoch durch das moralische Band des Charakters verbunden. Die sittliche Kraft der Kunst des Veit Stoß wird in der Charakterstärke erkennbar, mit der er seinen inneren künstlerischen Auftrag gegen alle Ungunst des Schicksals vollendet hat.

Veit Stoß muß sich gegen das Lebensende hin doch nochmals in Nürnberg künstlerische Anerkennung errungen haben. Dafür spricht die Tatsache, daß der angesehene Nürnberger Patrizier Tucher dem Meister 1517 den Auftrag gab, den „Englischen Gruß“ für den Chor der Sankt-Lorenz-Kirche zu schaffen. Die leidenschaftliche Dramatik der Frühzeit, die den berühmten Kunstkenner Dehio veranlaßt hatte, bei Veit Stoß von einem gotischen Barock zu sprechen, ist in diesem Werk einer formalen Besänftigung gewichen, die in der Abgewogenheit der Ausdrucksmittel ein Letztes an plastischer Möglichkeit bedeutet. Die feierliche Geste, mit der der Verkündigungsengel die Hand hebt, ist ebenso unvergeßlich wie die Anmut der Mariengestalt.

Zu einem wunderbar symphonischen Klang wandelt sich diese Formvereinfachung in dem letzten großen Werk des Schnitzaltars, der für das Karmeliterkloster in Nürnberg bestimmt war und jetzt im Bamberger

Dom Aufstellung gefunden hat. Der Meister hat dieses letzte Werk des Bamberger Altars begonnen, als er schon 75 Jahre alt war. Die Hand des großen Schnitzers ist nach 40 Jahren noch genauso sicher wie zu der Zeit, als er den Krakauer Marienschrein begann. Von seinen Formen ist nun aller spielerische Überschwang abgefallen, das Leben der Gestalten ist vom bewegten Umriß weg ganz in den inneren Kern verlegt. Doch auch diese letzte Arbeit des Meisters ist in die Tragik seines Lebens hineingestellt. Der Umbruch der Reformationszeit verhindert die Fertigstellung des Werkes. Der zuletzt erblindete Meister hat mit aller Bewußtheit die geistige Wende der Zeit erlebt. Veit Stoß ist der geniale Vollender der gotischen Epoche. Aber wie so oft in Endzeiten wird schon das Neue und Zukunftsträchtige spürbar. So sind in Veit Stoß' Werken Elemente enthalten, die erst zwei Jahrhunderte später zur Ausreife gelangen. Sein Werk erscheint uns heute noch voll unentdeckter Geheimnisse. Die Epoche des Veit Stoß kennt bereits das Problem des Gegensatzes der dienenden Gestaltung und des freiwerdenden Dranges nach Selbstdarstellung. Auch bei Veit Stoß ist dieses Moment schon wirksam, doch hat die Selbstdarstellung in seinem Werk viel weniger individuelle als nationale Züge. Man empfindet seinen Stil als eine der mächtigsten Manifestationen deutschen Wesens und als einen absoluten Höhepunkt der deutschen Kunst. In seinem Werk haben sich Formensinn und Ausdruckswille, die Elemente stärkster künstlerischer Spannungen in der Entwicklung der deutschen Kunst, zu einer einmaligen Größe der künstlerischen Aussage im Sinne metaphysischer Weltdeutung verbunden.

Giovanni Segantini, Ave Maria

Veit Stoß, Geburt Christi (Detail), Holz

GOTTFRIED SCHADOW

Am 20. Mai 1764 wurde der Bildhauer Gottfried Schadow, einer der bedeutendsten Meister des preußischen Klassizismus, geboren. Von denen, die Berlins Namen in Kunst und Wissenschaft groß machten, sind wenige in Berlin geboren, aber Gottfried Schadow erblickte in Berlin das Licht der Welt. Er war der Sohn eines einfachen Schneidermeisters, der aus dem Dorf Saalow in der Mark nach Berlin gekommen war. Schadow, als Mensch und Künstler ein echter Berliner von kraftvoll nüchterner märkischer Art, jedoch auch von scharfem Verstand und echtem Humor, ein Mann von „Hand und Herz", erhob das Berlinische in der Kunst zu einem hohen Wert.

Bevor er indessen der große Schadow wurde, mußte er sich — auf dem seit der Zeit des Soldatenkönigs dürren Kunstboden Preußens — aus den engen Verhältnissen, in die er hineingeboren war, aus eigener Kraft herausarbeiten. Schon als Kind verriet Schadow ein starkes zeichnerisches Talent. Allein der Vater hatte nicht das Geld, um den zusätzlichen Taler zu bezahlen, den der Zeichenunterricht an der Stadtschule des Grauen Klosters in Berlin kostete. Doch das Schicksal wußte Rat; bei Vater Schadow hatte Selvíno, ein Gehilfe des französischen Hofbildhauers Tassaert, Kleiderschulden, und er zahlte diese ab, indem er dem kleinen Gottfried den ersten Zeichenunterricht erteilte. Er brachte ihn auch sehr bald in die Werkstatt und die Familie seines Meisters. Die Anekdote erzählt, daß die kluge Madame Tassaert schnell die ungewöhnliche Begabung Schadows erkannt und begriffen hatte, daß dieser „Schwan in ihrem Ententeich“ eine recht nützliche Sache für den künstlerischen Unterricht ihrer Kinder war. So zeichnete Schadow in Gemeinschaft mit den Tassaert-Kindern eifrig nach Zeichnungen von Boucher und anderen Rokoko-Meistern und erreichte rasch eine erstaunliche Fertigkeit. Es konnte nicht fehlen, daß er auch in der Werkstatt des Hofbildhauers sich schon in diesen Knabenjahren die Praktik der Bildhauerei von Grund auf aneignete. Nebenbei besuchte er die Akademie und in erster Linie den Abend-Akt-Unterricht; mit neunzehn Jahren trat er dann in die Werkstatt Tassaerts als Gehilfe ein. Schadow erlernte hier im Geiste der Tradition des späten Rokoko das Bildhauerhandwerk mit aller Gründlichkeit, und er arbeitete nachweislich bereits in dieser Zeit an den Werken Tassaerts, wie dem Keith-Denkmal, mit. Er wäre wohl ganz in die Fußstapfen Tassaerts getreten, wenn nicht ein Liebesabenteuer seinem Leben eine entscheidende Wende gegeben hätte. Er verliebte sich in die fünfeinhalb Jahre ältere Marianne Devidels und ließ, wie er später berichtete, „fahren des Meisters Gunst, Pension und sonstige Aussichten“ und floh nach Rom, wo 1785 geheiratet wurde. Das verwegene Abenteuer hatte auch tiefgehende künstlerische Folgen, denn Schadow, der bisher im künstlerischen Geist des Spätrokoko erzogen war, lernte in Rom in der persönlichen Beziehung mit dem bereits berühmten Antonio Canova den zum Kunststil der Zeit sich entwickelnden Klassizismus kennen. Aber er verfiel der dort geübten kühlen Nachahmung der Antike nicht, denn noch tiefergehend war die unmittelbare Begegnung mit den Original-Werken der Antike, die er in der Vatikanischen Sammlung eifrig nachzeichnete. Sein unverdorbener Berliner Wirklichkeitssinn wurde nicht sosehr vom antiken Formideal als vom echten plastischen Gefühl der Antike angesprochen. Die Rückwendung des Blickes nach Berlin ergab sich sehr bald, als man in Berlin ein Denkmal Friedrichs des Großen projektierte und die von Schadow in Rom geschaffenen Entwürfe das Interesse des kunstsinnigen Staatsministers und Reformators der preußischen Akademie, Heinitz, fanden, der Schadow 1787 nach Berlin zurückholte. Nach Tassaerts plötzlichem Tode in dem darauffolgenden Jahr übernahm der erst 24jährige Schadow die Leitung der Hofbildhauerwerkstätte und wurde gleichzeitig „Direktor aller Skulpturen“ bei der neu geschaffenen Baubehörde.

Das bisher stark französisch beeinflußte Kunstleben Berlins hatte unter dem außerordentlich kunstverständigen Nachfolger des großen Königs, Friedrich Wilhem II., insonderheit durch bedeutende Baukünstler, wie Langhans den Älteren, Erdmannsdorff und Gilly, eine selbständige Entwicklung genommen. Aus dem durch den Klassizismus erneuerten antiken Kunstideal entwickelte sich in Berlin, selbständig abgewandelt, der preußische Stil. Hier war auch die Stunde für ein so überragendes plastisches Talent wie Schadow gekommen. Sein erstes großes Werk war die berühmte Quadriga als Bekrönung des von Langhans dem Älteren errichteten monumentalen Baus des Brandenburger Tors. Kunstgeschichtliche Bedeutung und geschichtliche Schicksale haben dieses Werk Schadows zu einem deutschen Symbol gemacht. Napoleon hat das Werk 1807 nach Paris entführt, Blücher hat es 1814 wiedergebracht. Im zweiten Weltkrieg durch Bomben stark beschädigt, wurde es 1956 nach den vorhandenen alten Modellen und Formen wiedererrichtet. Schon dieses erste bedeutende Werk dokumentierte die künstlerische Eigenart und Meisterschaft Schadows, Monumentalität der Form mit einer lebendigen Bewegtheit zu verbinden. Während ähnliche Gestaltungen des Siegeswagenmotivs wie die Bronze-Quadriga von Bossio auf dem Arc de Triomphe de Carrousel in Paris noch die Steifheit des Empire-Stils aufweisen, hat Schadow seinem Werk eine neuartige Lebendigkeit gegeben. „Mit klingenden Hufen schlagen die Rosse den Boden, der Wagen rollt, und die Viktoria greift, das Panier hoch in der Rechten, mit siegessicherer Kraft die Zügel." Mit diesen treffenden Worten beschreibt der Schadowforscher Mackowsky dieses Werk.

Das Jahrzehnt von 1780 bis 1790 ist Schadows künstlerisch fruchtbarste Epoche. In diese Zeit fallen die großen Marmorwerke, die seinen frühen Ruhm begründeten. Am Anfang steht das 1788 bis 1791 geschaffene Grabmal des jungen Grafen von der Mark in der Dorotheenstädtischen Kirche in Berlin. Hier schuf Schadow einen ganz neuen Grabmaltypus. Das Grabmal galt einem Kinde, dessen Gestalt wie schlafend auf dem Polster eines freistehenden Marmorsarkophags ruht und dessen spielenden Händen die Waffen entglitten sind. In einer darüberliegenden Wandnische durchschneiden die drei Parzen den Lebensfaden. Die gehaltvolle dichterische Spannung gibt dem Werk einen tröstlichen Sinn. Es gehörte zu den schönsten Grabmälern der deutschen Kunst. Seine Zerstörung im letzten Krieg bedeutet einen der unersetzlichen Verluste.

Es folgt 1795—1797 die Gruppe der Prinzessinnen, ein Doppelstandbild der späteren Königin Luise und ihrer Schwester. Das Werk, für das Berliner Schloß geschaffen, war der Ausdruck der allgemeinen verehrenden Begeisterung für die beiden jungen mecklenburgischen Prinzessinnen, die als Schwiegertöchter des Königs an den Berliner Hof gekommen waren. Durch seine einzigartige Würde und Anmut hat das Werk die Zeitgenossen begeistert. Es fesselt den Blick nicht nur durch die Meisterschaft der Formgebung, sondern durch eine natürliche Lebendigkeit des Ausdrucks, die im klassizistischen Stil neuartig war.

Zum Schöpfer eines klassisch-preußischen Denkmalstils wird Schadow in dem Denkmal Friedrichs des Großen für Stettin (1793) und den Standbildern für Zieten (1794) und den Fürsten Leopold von Dessau. Schadow sah sich vor der schweren Aufgabe, zwei der populärsten Heerführer der friderizianischen Zeit, deren Gestalten den Zeitgenossen noch lebendig vor Augen standen, zu bilden. Was in Berlin an Denkmälern vorhanden war, repräsentierte noch den pathetischen Denkmalsstil des Barocks. Schadow verzichtete in den bekannten Denkmälern Zietens und des alten Dessauer völlig auf die übliche Heroisierung. Er gestaltete das Standbild Zietens mit aller Realistik, so wie er im Leben war, die kleine Gestalt, energiegeladen und ohne jede Pose, mehr nachdenklich als pathetisch. Er kleidete ihn nicht in die Toga der antiken Helden, sondern stellte ihn so dar, wie ihn die Zeitgenossen gekannt hatten, den Dolman über der Schulter, auf dem kleinen, scharfgeschnittenen Kopf die mächtige Husarenpelzmütze, keinen antiken Heros, sondern den echten „Vater der

Husaren". Auch dem alten Dessauer wurde in seinem Denkmal nicht geschmeichelt. Schadows starker Wirklichkeitssinn bestimmte den Stil der Darstellung, aber sein hohes künstlerisches Wissen ließ ihn die realen Dinge des Kostüms vereinfachen und die Formen harmonisch zusammenfassen.

Wie neuartig dieser Stil einer Vereinigung von Realismus und Monumentalität war, wird deutlich, wenn man daran denkt, daß kein Geringerer als Goethe sich mit heftiger Kritik gegen diesen Abfall Schadows vom Geist der Nachahmung der Antike gewandt hat. Goethe hatte in dem denkwürdigen Aufsatz in den „Propyläen" den Vorwurf erhoben, daß in Berlin „Charakter und Ideal durch Porträts verdrängt werden" und daß an die Stelle des Allgemeinmenschlichen das Vaterländische in der Kunst getreten war. Schadow griff zur Feder und verteidigte seine Auffassung gegen den Dichter mit Ehrfurcht, aber auch mit bewundernswerter Entschiedenheit. Er betonte, daß er es für falsch halte, aus den Helden der deutschen Geschichte „Graeculi" zu machen, und er belehrte Goethe, daß das Allgemeinmenschliche immer nur aus dem Geist des Vaterländischen in der Kunst erwachsen war. Goethe erkannte erst später, daß Schadows epochemachende Tat gerade darin bestand, daß er einen neuen Wirklichkeitsinn mit der klassischen Idealität verband, daß sein wirklichkeitnaher Realismus auf einem Element ruhte, das Hildebrand „das architektonische Gefühl" nannte.

Diese künstlerische Originalität zeichnet auch die unübersehbare Reihe von Bildnissen aus, die Schadow geschaffen hat. Sein höchstes Ziel war auch hier die Sinnfälligkeit des Charakteristischen. Seine Bildniskunst hat neben der starken Naturhaftigkeit immer auch jene Großheit, durch die sein Werk das ganze 18. Jahrhundert über sich hinaus geführt hat.

Aber noch zu Schadows Lebzeiten verblaßte die Geltung seiner Kunst. Die Ursprünglichkeit seines Werkes wurde durch den kühleren, jedoch repräsentativeren Klassizismus Christian Rauchs verdrängt. Schadow zog sich nach 1828 von allen größeren öffentlichen Aufträgen zurück in einer Zeit, von der er humorvoll grollend sagte: „Als ich und Friedrich der Große aus der Mode kamen."

Von da ab widmete er sich der Lehrtätigkeit an der Akademie, der er dreieinhalb Jahrzehnte vorstand. Er wurde eine populäre Gestalt, der große alte Schadow, wie ihn Theodor Fontane in seinen „Wanderungen durch die Mark Brandenburg" so köstlich beschreibt. Fontane nennt ihn sehr treffend einen Peter Vischer, ins Märkisch-Berlinische verschlagen, und beleuchtet damit schlagartig die innere Verwandtschaft, welche die Wahrheit der Kunst Schadows mit dem ähnlichen Geist der großen deutschen Kunstepoche des 16. Jahrhunderts verbindet. Auch der alte Schadow war erfüllt von dem Handwerksgeist und Handwerksstolz der alten deutschen Meister. Fontane berichtet, wie er die Akademieschüler korrigierte und mit der Kohle das Gerüst, den Plan einer Figur aufs Papier tupfte und dazu in seinem urwüchsigen Berliner Dialekt murmelte: „Nun paß uf, ick mach det so ... det hab ick von meinem Vater, der war'n Schneider." Schadows Lebensabend war heiter und friedlich, denn er lebte, wie Fontane schreibt, „kraft seiner eigenen Kraft" aus dem Bewußtsein seiner erfüllten Kunstleistung. Er starb in Berlin am 27. Januar 1850 fast 86jährig als ein Original, dessen Genie dem berlinisch-preußischen Stil eine europäische Geltung erobert hat.

CHRISTIAN DANIEL RAUCH

Unter den Künstlern des deutschen Klassizismus, die aus der Verbindung des antiken Schönheitsideals mit heroischer Empfindung und strenger Sachlichkeit der Form den „Preußischen Stil" geschaffen haben, steht der Bildhauer Christian Daniel Rauch an erster Stelle. Der Klassizismus kam als geistige und künstlerische Bewegung um die Mitte des 18. Jahrhunderts von England über Frankreich nach Deutschland. Während er dort aber nur bestimmte künstlerische Bezirke erfaßte und beispielsweise in Frankreich nur in der Malerei geniale Leistungen hervorbrachte, gewann er allein in Deutschland den Charakter eines nationalen Stils. Vor allem blieb es in Preußen nicht bei einem Epigonentum der antiken Ideale. Der tiefgehende Einfluß der von Winckelmann wiederentdeckten und zum ästhetischen Programm erhobenen Vorbildlichkeit der griechischen Kunst begegnete sich hier in geschichtlicher Stunde mit den politisch schöpferischen Impulsen, welche die deutsche Erhebung ausgelöst und getragen haben. Wo immer die Kunst zum Träger eines überpersönlichen nationalen Ausdruckswillens wird, übernehmen die öffentlich repräsentativen Künste, Architektur und Plastik, die Führung. Demgemäß hat auch der deutsche Klassizismus in der Architektur und Plastik seinen stärksten künstlerischen Ausdruck gefunden.

Das, was Schinkel für die Architektur Berlins bedeutete, war neben Schadow Rauch für die Plastik dieser Stadt. Es ist dabei festzuhalten, daß Berlin Preußen und dieses damals ganz Deutschland repräsentierte. Berlin hatte

erstmalig die Führung der deutschen Kunst übernommen. Der heroische Idealismus der Zeit fand hier seine reinste architektonische und plastische Formulierung.
Mit seinem Lehrer und Vorgänger Gottfried Schadow ist Rauch der Begründer der Berliner Plastikschule, die durch ein Jahrhundert die Entwicklung der deutschen Plastik nachhaltig bestimmte. Den seltenen Hochzeiten deutscher Plastikkunst im 12. und 15. Jahrhundert hatten Schadow und Rauch eine neue und eigentümliche Blüte deutscher Bildhauerkunst angefügt. Während Gottfried Schadow diese Entwicklung einleitete, indem er die deutsche Plastik aus dem spätbarocken Formenschema zu einer auf Unmittelbarkeit der Anschauung gegründeten Vereinfachung führte, hat Rauch diesem Prozeß die monumentale Note und stilistische Vollendung gegeben. Wie der große alte Schadow es selbst einmal mit wehmütigem Humor ausgedrückt hatte, „war sein Ruhm noch zu seinen Lebzeiten in Rauch aufgegangen". Das Wort kam ebenso aus ehrlicher Anerkennung wie aus dem feinen Gefühl heraus, daß mit ihm die Tradition des Rokoko endgültig abschloß und eine künstlerisch asketischere Zeit in der von hoher Vernunft bestimmten Formanschauung Rauchs einen neuen Stil gefunden hat. Schadow hatte das große Talent Rauchs sofort in seiner ganzen Bedeutung erkannt, als dieser noch als ein künstlerischer Außenseiter im Jahre 1802 zum ersten Mal in einer Ausstellung der Berliner Akademie mit der Figur eines „Schlafenden Endymion" auftrat.
Rauch war über einen erheblichen Umweg zur Kunst gekommen. Als Sohn eines Fürstlich-Waldeckschen Kammerdieners am 2. Januar 1777 in Arolsen geboren, war

er selbst jahrelang im Hofdienst in Potsdam, zuletzt als Kammerdiener der Königin Luise gewesen, bevor er 1804 seine Entlassung erreichte, um sich ganz der Bildhauerei widmen zu können. Mit einem Stipendium ausgestattet, konnte er 1804 dann nach Rom gehen, wo er mit kürzeren Unterbrechungen fast 15 Jahre blieb. Mit den beiden berühmtesten Plastikern der Zeit, Canova und Thorwaldsen, trat er in Rom in enge Beziehung. Unter der Elite der hier lebenden Archäologen, Philologen und Künstler der Zeit gewann er nach der hochentwickelten Formmethode des Klassizismus jene mühelose Sicherheit bildnerischen Gestaltens, die Rauchs Werke vom einfachen Bildnis bis zum repräsentativen Denkmal so anziehend macht.

Rauch hatte in Wilhelm von Humboldt, dem damaligen preußischen Gesandten in Rom, einen warmen Förderer gefunden. Von diesem stammt der Ausspruch: „Ein Gesandter in Rom muß etwas von Marmor verstehen." Er bewies viel Verständnis für die „Marmorkunst", als er Rauch dem preußischen König für die Gestaltung des Grabdenkmals der 1810 verstorbenen Königin Luise empfahl. Für diese Aufgabe hatte sich Rauch durch eine noch vor seiner Italienreise nach dem Leben modellierte, in Rom mit großer Formvollendung in Marmor ausgeführte Bildnisbüste der Königin Luise besonders qualifiziert. Rauch schuf mit diesem Grabmal im Charlottenburger Mausoleum sein schönstes Werk, eines der edelsten und eindrucksvollsten Grabmäler der Kunstgeschichte überhaupt. Er hat die wahrhaft königliche Frauengestalt mit großer Anmut der Formen wie schlafend dargestellt. Man spürt in diesem frühen Meisterwerk vielleicht noch einen leisen Nachklang der Renaissance, aber gerade der Vergleich mit der starren Schönheit der berühmten Tumba der Ilaria del Caretto in Lucca würde die Bewegtheit der Liniensprache des Rauchschen Werkes als den genialen Schritt in eine neuzeitliche Empfindungswelt so recht verdeutlichen. Sehr treffend wurde gesagt: „Das Werk scheint erfüllt von einer romantisch verklärten Poesie des Todes.“

Das vielbewunderte und bald volkstümlich gewordene Grabmal begründete Rauchs steilen künstlerischen Aufstieg. Zu seinen bekanntesten Werken gehören die Berliner Denkmäler der Heerführer der Befreiungskriege, die Marmorstandbilder von Scharnhorst und Bülow vor Schinkels Neuer Wache und das in der monumentalen Geste so wirkungsvolle Bronzestandbild Blüchers, flankiert von den Statuen Gneisenaus und Yorks auf der gegenüberliegenden Seite der Straße Unter den Linden. Rauch schuf hier einen für die Zeit neuen Denkmalstil, indem er die klassische Formanschauung der Antike mit zeitgeschichtlicher Porträthaftigkeit durchdringt, wobei es ihm gelingt, seine Statuen gleichzeitig wahr und schön zu gestalten. Er schafft in seinen Denkmälern nicht Kostümfiguren, sondern echte geschichtliche Charaktere.

Das bekannteste Werk Rauchs wurde das Reiterdenkmal Friedrichs des Großen, ehemals unter den Berliner Linden. Das letzte Jahrzehnt seines Schaffens war diesem Werk gewidmet. Gegenüber den hochgespannten archaisierenden Projekten, welche Gilly, Schinkel und Schadow verfolgt hatten, gab Rauch seiner Friedrich-Gestalt, von der Manteldrapierung abgesehen, eine lebenswahr realistische Form. Entsprechend der Forderung Chodowieckis, „Friedrich den Großen so zu gestalten, wie er im Leben war, da keiner war wie er", hatte Rauch auf jede Idealisierung der Gestalt verzichtet und nur durch die Größe der Formauffassung ein echtes Sinnbild gegeben.

Die künstlerisch gerundetsten Leistungen im Gesamtwerk Rauchs sind zweifellos seine Porträtbüsten, denn hier hat sein berlinischer Realismus sich gegenüber der üblichen klassizistischen Idealisierung durchgesetzt. Der nachdenklich geneigte Kopf Scharnhorsts, den Rauch den Soldatenprofessor nannte, und das Bildnis Goethes aus dem Jahre 1820 gehören zu den künstlerisch selbständigsten Porträtleistungen der Zeit. Rauch schuf auch zwei durch Eisenabgüsse sehr verbreitete Statuetten Goethes, die uns das Bild des greisen Olympiers im schlichten Hausrock mit seltener Lebensnähe vermitteln. Welch hohe Wertschätzung Goethe für Rauch empfand, läßt sich aus einer Briefstelle aus dem Jahre 1824 schließen, wo Goethe schreibt: „Herrn Rauchs Gegenwart hat mich in allem Guten nochmals gegründet, gekräftigt und gefördert." Der Dichterfürst hat ausgesprochen, was die Zeitgenossen empfunden haben.

Die Wirkung von Rauchs Schaffen blieb nicht auf Berlin beschränkt. Für Rußland schuf er ein Denkmal des Zaren Alexander I., für Halle das Francke-Denkmal, für Nürnberg das Standbild Dürers. Zu Münchens schönsten Denkmälern zählt die formvollendete, auf einen idyllischen Ton gestimmte sitzende Statue des Kurfürsten Max Joseph I. vor dem Nationaltheater. Für König Ludwig I. von Bayern, dem er seit der gemeinsamen römischen Zeit persönlich verbunden war, schuf Rauch siebzehn Porträtbüsten für die Walhalla in Regensburg. Die Viktorien im Innern des Gebäudes zählen zu seinen am stärksten bewunderten Schöpfungen. Durch Rauchs Werk hatte die deutsche Plastik des Klassizismus über Deutschlands Grenzen hinaus Geltung erlangt. Wie sehr seine künstlerische Leistung die Anerkennung der besten Geister der Zeit besaß, bezeugt Stendhal, der große französische Literat und Kunstkenner, wenn er in seinen „Römischen Spaziergängen“ an einer Stelle vorschlägt, man solle Rauch aus Berlin zu einem Entwurf für ein Grabdenkmal des Torquato Tasso auffordern, da er allein das Mittelmaß der Zeit überrage.

Spannkräftig bis ins hohe Alter und ohne jede Ermattung der künstlerischen Kräfte starb Rauch im Alter von fast 81 Jahren am 3. Dezember 1857 in Dresden.

KARL FRIEDRICH SCHINKEL

Der Schöpfer des preußischen Stils

Nur jene Kunstwerke
haben Anspruch auf Dauer,
in denen die Nation
sich wiederfindet.
Wilhelm Raabe

In der kleinen märkischen Stadt Neuruppin wurde am 13. März 1781 im Pastorenhaus Karl Friedrich Schinkel, das Baugenie des deutschen Klassizismus, geboren. Mit dem Namen Schinkels verbindet sich nicht nur die Vorstellung der edelsten Bauten des alten Berlin als eines Höhepunktes berlinisch-preußischen Stilcharakters, sondern die Persönlichkeit Schinkels verkörpert einen Inbegriff baumeisterlicher Größe in der deutschen Kunst des 19. Jahrhunderts. Die überragende Bedeutung der Leistung Schinkels wird erst dann sichtbar, wenn man sich vergegenwärtigt, daß sie nicht nur eine Summe darstellt, die ein Talent aus den Gegebenheiten der Zeit gezogen hat. Das, was die Zeit von der Architektur forderte, war keineswegs eindeutig bestimmt, und ein kleineres Talent als Schinkel wäre unweigerlich im Eklektizismus, in der Nachahmung antiker Bauvorbilder steckengeblieben, eine Entwicklung, die sich bereits unter dem starken Einfluß literarisch-archäologischer Tendenzen angebahnt hatte. In der Architektur der damaligen Zeit begann sich soeben das epochemachende Werk Winckelmanns, die „Nachahmung der Griechen", auszuwirken, jene Schrift, die der Zeit die Griechen als ein Lebensvorbild vorstellte.

Die Zeit um 1800 bildet einen Schnittpunkt verschiedener geistiger Strömungen. Zum Bildungsideal des Klassizismus tritt aus einem starken vaterländischen Erleben die Romantik, die, angeregt durch Goethes Hymnus auf das Straßburger Münster Erwin von Steinbachs, in der Wiedererweckung der Gotik die Erneuerung eines deutschen Kunststils suchte. So stehen die Anfänge Schinkels in dem Konflikt der romantischen und klassizistischen Strömungen der Zeit. Schinkels Größe besteht in der Synthese beider Tendenzen, er vereinigt auf der Höhe der Entwicklung in seiner Person Romantik und Klassik in einem Stil durchaus eigener Prägung. Der Weg und das Werk Schinkels stehen nicht außerhalb der problemreichen Spannungen der Zeit, aber er wird zum Klassiker, weil es ihm gelingt, die Spannungen in der vollendeten Harmonie seiner Bauwerke zu überwinden.

Den inneren Kompaß, der ihn zu diesem Ziel führte, besaß Schinkel in der Genialität seiner geistigen und künstlerischen Anlagen, die ihm die Notwendigkeit, aus den ewigen Wahrheiten der Kunsttradition ein Neues, Zeitgemäßes zu schaffen, ebensoklar vorzeichneten, wie die Idealität seines Geistes ihm den Beruf des Baumeisters nicht als eine nur ästhetische, sondern eine im höchsten Sinne sittliche und nationale Aufgabe erkennen ließ. Diese hohe Auffassung vom Beruf des Baumeisters hat Schinkel in den berühmt gewordenen Sätzen niedergelegt: „Der Architekt ist seinem Begriff nach der Veredler aller menschlichen Verhältnisse, er muß in seinem Wirkungskreise die gesamte schöne Kunst umfassen, Plastik, Malerei und die Kunst der Raumverhältnisse nach Bedingungen des sittlichen und ver-

Gottfried Schadow, Büste der Kronprinzessin Luise

Christian Daniel Rauch, Victoria, Walhalla Regensburg

nunftgemäßen Lebens des Menschen schmelzen bei ihm zu einer Kunst zusammen." Über dem gesamten Werk Schinkels stehen diese Worte als eine leuchtende Devise. Diese hohe Auffassung vom Architektenberuf bei Schinkel wurzelt einmal in dem humanistischen Ideal Schillers, der von der Kultur fordert: „Den Menschen auch in seinem bloßen physischen Leben der Form zu unterwerfen, und ihn, soweit das Reich der Schönheit nur immer reichen kann, ästhetisch zu machen, weil nur aus dem ästhetischen, nicht aus dem physischen Zustand der moralische sich entwickeln kann." Die Erwähnung der Ästhetik Schillers ist hier keinesfalls willkürlich. Enge geistige Bande umschlangen Schinkel und W. von Humboldt, der die ästhetische Lehre Schillers zu einem ästhetischen Humanismus ausbaute und als höchsten Sinn des Menschen den Einklang der sinnlichen und sittlichen Natur bezeichnete.

Die künstlerische Haltung Schinkels steht zum anderen in einem engen geistigen Konnex mit dem von der Philosophie Fichtes neu geweckten Nationalbewußtsein. Es ist überliefert, daß der junge Baukünstler Schinkel auf seiner ersten Italienreise Fichtes Schriften im Reisegepäck mitführte. Und es ist mit Sicherheit anzunehmen, daß Schinkel sich im Kreis der Romantiker mit Brentano und Arnim unter den Zuhörern Fichtes in Berlin befand, als dieser in der Zeit tiefster nationaler Erniedrigung predigte: „Der Glaube des edlen Menschen an die ewige Fortdauer seiner Wirksamkeit auf dieser Erde gründet sich demnach auf die Hoffnung der ewigen Fortdauer des Volkes, aus dem er selber sich entwickelt hat, und die Eigentümlichkeit desselben. Diese Eigentümlichkeit ist das Ewige, dem er die Ewigkeit seiner selbst und seines Fortwirkens anvertraut." In seinen berühmten repräsentativen Bauten Berlins, dem Schauspielhaus, der Neuen Wache und dem Neuen Museum, hat Schinkel bewiesen, daß sich im echten künstlerischen Genie Humanität und Idealität immer nur auf der Grundlage eines starken und eigentümlichen nationalen Charakters entwickeln. Schinkels Stil ist der Ausdruck einer Synthese ewiger Schönheitsideale mit dem Nationalbewußtsein der politisch starken und großen Epoche der deutschen Freiheitskriege.

Der Weg dahin war wie bei den meisten Hochleistungen der Kunst mit Schwierigkeiten gepflastert, die zeitweise unüberwindbar schienen und ihren tiefen Sinn erst aus der Perspektive geschichtlicher Betrachtung gewinnen.

Als schlechter Schüler des berühmten Gymnasiums zum Grauen Kloster in Berlin, aber früh erkennbar als künstlerische Begabung, kam Schinkel mit siebzehn Jahren in die Lehre Friedrich Gillys, des genialsten Vertreters des jungen Klassizismus. Schinkel erlernt hier nicht nur ein gutes baumeisterliches Handwerk, sondern er verspürt den Flügelschlag des Genius in der Person seines jungen Lehrers, der in monumentalen Entwürfen die Urelemente der Architektur im Sinne des Purismus, wie ihn die Architekten der französischen Revolution anstrebten, mit klassisch antiken Formen zu einem neuen Stil zu verbinden trachtet. Gilly stirbt, noch nicht dreißigjährig, und Schinkel wird frühzeitig auf eigene Füße gestellt. Indem er Gillys Aufgaben weiterführt, wird er, über ihn hinauswachsend, zum Erfüller seiner genialen Konzeptionen.

In den Jahren 1803 bis 1805 unternimmt Schinkel die

damals obligate Studienreise nach Italien. Es ist sehr bezeichnend, daß Schinkel hier nicht die Reste der antiken Bauten, sondern die unserer Kunsttradition verwandten mittelalterlichen Bauwerke Norditaliens zum entscheidenden Erlebnis werden. Er schreibt angesichts der handwerklichen und formal vollendeten Durchführung dieser Bauwerke, daß ihre Betrachtung eine „Schärfung des Gewissens" bedeute. Dieses starke künstlerische Verantwortungsbewußtsein hat Schinkel bei allen seinen Werken begleitet, es ist der Untergrund seiner oft realistisch wirkenden architektonischen Wahrhaftigkeit. Schinkel wurde so zum architektonischen Gewissen seiner Epoche. Die tiefe Wahrhaftigkeit und künstlerische Diszipliniertheit sind Grundzüge der Kunst Schinkels, und er steht damit in der Reihe der großen berlinisch-preußischen Künstler, wie Schadow, Rauch und Menzel.

Aus Italien zurückgekehrt, findet Schinkel Ende des Jahres 1805 in Berlin keine besonderen baulichen Aufgaben. Nach der Niederlage Preußens 1806 war es überhaupt für ein Jahrzehnt mit den Bauaufgaben zu Ende. Aber für die universale Begabung Schinkels gab es kein Rasten. Er griff zum Pinsel und schuf Bühnenbilder, Panoramen und Gemälde — Landschaftsdarstellung nach Stimmung und Gehalt vorwiegend romantisch — von einer so hohen künstlerischen Qualität, daß er sich mit diesen Arbeiten allein einen ansehnlichen Platz in der Kunstgeschichte gesichert hätte.

Nach Rückkehr der königlichen Familie im Jahre 1809 nach Berlin gestaltet er im Auftrage der Königin Luise Innenräume des Kronprinzenpalais und anderer Schlösser, und er wird zum Anreger auf allen Gebieten des

Kunsthandwerks von der Tapete bis zum Stuhl und zum Bilderrahmen. Auf eine Empfehlung W. von Humboldts wird er als Geheimer Bauassessor 1810 in die damals neu aufgebaute preußische Bauverwaltung eingestellt. Er steigt hier bis zum Geheimen Baudirektor und obersten Leiter dieser Baubehörde auf, der er bis zu seinem Tode vorsteht und von welchem Platz er einen ebenso tiefen wie in die Breite gehenden künstlerischen Einfluß auf alle repräsentativen Bauten in Preußen und auf das Bauwesen in den Provinzen ausübt.

Erst nach den Freiheitskriegen gelangte das Baugenie Schinkels zur vollen Entfaltung. Auf der Höhe des Lebens stehend, schafft Schinkel seine ersten großen Bauten, und sie tragen bereits das Signum der Reife und hohen Meisterschaft. Die erste große Staatsaufgabe war der Neubau des ehemals von Langhans erbauten und später abgebrannten Schauspielhauses am Gendarmenmarkt. Hier zeigte sich vor allem Schinkels überragendes Talent, ein Bauwerk harmonisch in seine Umgebung zu stellen; denn das Problem war, das Schauspielhaus zwischen die beiden friderizianischen Kuppelbauten Gontards zu setzen. Durch Schinkels strenglinigen und in den Dimensionen maßvollen Bau wurde der Gendarmenmarkt nicht nur zu einem der geschlossensten Plätze Berlins, sondern der Welt. Schinkel hat in dem Bau die Grundform eines sachlich strengen Geviertes durch eine ionische Tempelfront vor dem Eingang und eine Wiederholung des Giebels über dem Bühnenraum aufgelockert. Die antiken Formen sind in die Funktion des Ganzen einbezogen, und Schinkels eigener Stil als eine Synthese von strenger Sachlichkeit und

Klassizität steht bereits vollendet da. Architektur und Dichtung der Zeit zeigen sich in höchstem Einklang, als 1821 dieses Schinkelsche Schauspielhaus mit Goethes „Iphigenie“ eröffnet wird.

Die nächsten beiden Bauten, die Neue Wache (das spätere Reichsehrenmal) und das Neue Museum als Abschluß des Lustgartens, haben Schinkels Ruhm begründet. Das Besondere dieser Bauten und das, wodurch Schinkel vom Klassizisten zum Klassiker wird, ist der Umstand, daß die antiken Formen nicht nur ästhetisch im Sinne einer Dekoration, sondern als Elemente einer architektonischen Funktion zu einer monumentalen Gesamtwirkung zusammengefaßt sind. Die Neue Wache wirkt in der Grundform wie ein Kastell. Sie ist fast würfelförmig mit turmartigen Eckbauten, die massiven Mauern sind nur von wenigen Fenstern durchbrochen. Die zwischen den Ecktürmen vorgelagerte giebelgedeckte Vorhalle mit enggestellten ionischen Säulen gibt dem Gebäude den Charakter beseelter Würde und echter Monumentalität. Letztere verstanden als Ausdruck der Männlichkeit, eines Stiles, in dem nach einem Wort Moeller van den Brucks sich „die Verachtung des Augenblicks und die Rechenschaft vor der Ewigkeit ausprägt“. Dieselbe Monumentalität mit einer mehr sakralen Note zeichnet Schinkels bedeutendstes Werk, das Neue Museum am Lustgarten, aus. Das Einmalige dieses Bauwerkes besteht nicht zuletzt darin, daß hier eine neue Idee des Museums, ein neuer Inhalt sofort eine vollendete und bis heute nicht überholte architektonische Gestalt empfangen hat. Vorher waren die Museen als Fürstensammlungen und Schatzkammern nur für den Genuß einzelner bestimmt. Hier im Neuen Museum

sollte die Kunst erstmalig der Allgemeinheit des Volkes zugänglich gemacht werden.
In einer machtvoll aufsteigenden Treppe wird der Besucher aus der Niederung des Alltags auf das höhere Niveau des künstlerischen Erlebens geführt. Die feierliche Säulenvorhalle verkündet in ihrem strengen Rhythmus den Abschluß von der Welt des Profanen.
Schinkels Stil ist eine einmalige Synthese hellenisch-edlen Formgefühls mit norddeutsch-kühler Klarheit, in seinen Werken wurde Preußen erstmalig führend in der Geschichte der deutschen Kunst. Schinkel war auch der erste deutsche Künstler nach Schlüter, der Weltgeltung erlangte. Er war Mitglied der französischen Akademie, und zu Ende seines Lebens schuf er noch großartige Pläne für das Zarenschloß „Orianda" auf der Krim und einen Königspalast auf der Akropolis. Diese Pläne kamen nicht zur Ausführung, aber sie zeigen, bis zu welcher Höhe traumhafter Phantasie sich der Geist Schinkels zu erheben vermochte, bis er von dem Schatten einer tragischen Umnachtung befallen wurde, aus der den Sechzigjährigen der Tod befreite.
Er war einer der letzten bedeutenden universalen Künstler, was bereits die Zeitgenossen erkannt haben. Clemens von Brentano rühmte an ihm: „Eine so ganze Kunstnatur an Umfang als es irgendeiner der großen Italiener war."
Schinkel hat noch die mystische Bindung des über die nackte Nützlichkeit hinausgehenden Bauens als eine sittliche Verpflichtung empfunden. Die Ziele und Voraussetzungen sind nach mehr als anderthalb Jahrhunderten andere geworden. Seine Idealität der künstlerischen Gesinnung, die sich in der Persönlichkeit Schinkels ausprägt, ist von zeitloser Gültigkeit.

AUGUSTE RODIN

Der Bildhauer Auguste Rodin gehört zu jenen großen Erscheinungen der französischen Kunst, die eine immerwährende Anziehungskraft auf das deutsche Geistesleben ausüben. Die Bemühungen um Deutung und Verständnis des Werkes und der Persönlichkeit Rodins sind in Deutschland nicht wieder erlahmt, seitdem der junge Rilke 1902 seine enthusiastische Monographie über Rodin veröffentlicht und 1907 um den bekannten Vortrag erweitert hat. Rilke hat aus dem Erlebnis der Kunst Rodins Gesetze des Schauens und Bildens herausgelöst, die für das künstlerische Selbstverständnis unserer Zeit von ungeahnter Tragweite sein könnten, wenn sich nicht heute eine wachsende Unfähigkeit, Kunst elementar zu erleben, dazwischenstellen würde.

Rodin ist uns über die Interpretation Rilkes wie kein zweiter französischer Künstler nahegekommen.

Noch ein zweites Moment bewirkt unsere Nähe und Vertrautheit zur Kunst Rodins. Sie ist ihrem Temperament nach in der geistreichen Brillanz ihrer plastischen Formulierungen typisch französisch. Sie ist aber komplexer Natur insofern, als in Rodins künstlerischem Wollen verschiedene Kräfte und Strömungen sich in einer Weise mischen, die den üblichen Charakter französischer Kunst sprengt, indem sie den sonst vorherrschenden Drang nach rationaler Klarheit der Form um ein Element psychisch-vertieften Ausdruckswillens bereichert. Im Raume der französischen Kultur haben wiederholt fruchtbare Wechselbeziehungen gallo-romanischen und germanischen Geistes stattgefunden. Wenn man die Herkunft Rodins aus der Ile de France, dem landschaftlichen Norden Frankreichs, und seine blauäugig-blonde Erscheinung betrachtet, dann wird es klar, warum gerade in Deutschland die Kunst Rodins sehr früh verstanden und anerkannt wurde. Man kann sogar sagen, daß sein Einfluß in der deutschen Kunst stärker schulbildend war als in Frankreich.

Der Reichtum des Werkes Rodins ist so erheblich, die Ausstrahlung so bedeutend und weitgehend, daß es müßig wäre, wollte man dieses Phänomen in einigen kurzen Formulierungen einfangen. Was zunächst ins Auge fällt, ist die Universalität seiner Kunst und ihrer Wirkung. Die plastischen Probleme, die Rodin in seiner Zeit erkannte und anpackte, wurden für die ganze europäische Kunst fruchtbar. Er besaß eine Idee des Plastischen, die von ihrer Wurzel her universell, allgemein menschlich war vor allem deshalb, weil das Menschliche, die leidenschaftliche Suche nach dem Lebendigen im Natürlichen das kühne Ziel und Hauptthema der Kunst Rodins bildeten. Jede Kunst, insbesondere jedoch die später Kulturen, ist nur aus der geistigen Situation ihrer Zeit erklärlich. Bevor Rodin auf der Bildfläche des 19. Jahrhunderts erscheint, ist die plastische Kunst Frankreichs und auch der übrigen Welt in den akademischen Formen einer konventionellen Repräsentations- und Dekorationskunst erstarrt. Die Schemen eines leeren Neu-Barock und noch mehr eines starren Spätklassizismus beherrschen das Feld. Die Denkmalskunst ist in theatralischen Formen erstarrt, man dekoriert die Bauten mit pseudobarocken Figuren, allein der Geist und das Leben haben sich aus dieser epigonenhaften plastischen Produktion um die

späteren

Karl Schinkel, Altes Museum Berlin

Auguste Rodin, Der Denker, Bronze

Georg Kolbe, Kauernde Japanerin, Bronze

Mitte des 19. Jahrhunderts zurückgezogen. Da tritt mit Rodin ein Künstler auf, der als einfacher Handwerker lange in der Stille herangewachsen ist, der wiederum naiv das Wesen der Plastik als Ausdruck des elementaren Lebens empfindet, einfach und groß, wie es die Antike begriffen hat. Sein erstes Werk, mit dem er vor die Öffentlichkeit tritt, der Bronzekopf eines Mannes mit unschönen Zügen, der zudem eine eingedrückte Nase hat, ist bereits ein Meisterwerk; es wird indes 1864 vom Salon zurückgewiesen nur deshalb, weil es einen neuen Maßstab setzt, weil in diesem Werk wieder elementare plastische Leidenschaft Gestalt gewonnen hat. Für uns hat dieser Kopf, „L'homme au nez cassé", den Wert eines Werkes der Spätantike. Die Zeitgenossen sahen nur die vermeintliche Häßlichkeit dieses Werkes, denn ihre an konventionelle Glätte gewohnte Anschauung erkannte nicht, daß dieses gequälte Menschengesicht gestaltet war als ein Sinnbild elementarer Schicksalsgewalten. Diese Plastik ist alles andere als eine naturalistische Kopie einer zufällig gegebenen Wirklichkeit, sie beinhaltet weit mehr ein künstlerisches Programm. Der Kopf ist äußerlich und geistig verwandt der Büste Michelangelos, die in der Kirche von Santa Croce in Florenz dessen Grabmal krönt. Die Kunst Michelangelos war eines der großen Vorbilder Rodins. Mit diesem ersten Geniestreich beginnt ein langer, dornenvoller Weg, der Rodin erst die Anerkennung des Publikums bringt, als er das 50. Lebensjahr bereits vollendet hat.

Rodins Biographie ist schlicht wie die jedes hingebenden Arbeiters auf dem Gebiet der Kunst und des Geistes. Er wurde am 12. November 1840 in Paris als Sohn eines unteren Polizeibeamten geboren, seine Mutter war eine fromme Lothringerin. Nach der Elementarschule kam er, der schon früh künstlerisches Talent verriet, auf die École des Arts décoratifs, die der Ausbildung junger Handwerker für das Kunstgewerbe diente. Rodin erhielt hier eine solide handwerkliche Grundlage, und wie alle Großen der Kunst war Rodin zeitlebens ein fleißiger Handwerker. Es folgten lange Jahre ständiger Brotarbeit auf dem Gebiet konventioneller Bauplastik, zeitweilig auch als Modelleur und Entwerfer der Porzellanmanufaktur Sèvres. Über diese Zeit sagte Rodin später selbst: „Bis zu meinem fünfzigsten Jahr habe ich alle Pein der Armut erfahren, ich habe immer gelebt wie ein Arbeiter. Doch das Glück der Arbeit ließ mich alles ertragen."

Nach dem Mißerfolg mit dem Erstlingswerk des „Mannes mit der gebrochenen Nase" arbeitete Rodin 13 Jahre in aller Stille weiter, immer das eine Ziel vor Augen, plastische Werke zu schaffen, die in der elementaren Lebendigkeit ihrer Formgebung eine gesteigerte Empfindung des Daseins ausdrücken.

Das zweite Werk, mit dem Rodin vor die Öffentlichkeit trat, ist die Jünglingsgestalt, die Rodin „Das eherne Zeitalter" nannte. Als sie 1876 ausgestellt wurde, sah man sie als so penetrant naturalistisch an, daß ein Kunstskandal entstand und man Rodin sogar den Prozeß machte, weil man ihn verdächtigte, diese Gestalt nach der Natur abgegossen zu haben. Die Zeit erkannte nicht, daß unter dem Realismus der Gestalt sich eine hohe idealistische Tendenz verbarg. Die Zeitgenossen glaubten, nur in der dekorativen Stilisierung und der pathetischen Pose sei die Größe der Plastik zu finden.

Der revolutionäre Rodin dagegen erblickte in der Steigerung der Naturformen, in der Lebendigkeit der Form die neue künstlerische Schönheit. Er wußte: Nur über die intensivste Auseinandersetzung mit der Natur ist ein wahrer plastischer Stil zu gewinnen. Rodin ist aber keinesfalls lediglich der Entdecker sensueller Oberflächenreize des Plastischen, ein Naturalist, als den man ihn bezeichnet hat. Die üblichen Meinungsklischees und künstlerischen Begriffsschemata passen für die Genialität seines Wesens und seiner Kunst nicht. Selbstverständlich sind Rodins Kunst und sein künstlerisches Denken in mancher Hinsicht zeitgebunden. Die Lichtprobleme, welche die führenden Maler seiner Zeit, die sogenannten Impressionisten, beschäftigen, lassen auch ihn nicht unberührt. Nicht von ungefähr stammt von ihm der Satz: „Skulptur ist die Kunst der Buckel und Höhlungen, die Kunst, die Formen im Spiel von Licht und Schatten darzustellen." Trotzdem ist er nur sehr lose mit dem Impressionismus verbunden. Ähnlich wie die Maler Puvis de Chavannes oder Degas steht er mit seinem künstlerischen Wollen über dem reinen Sensualismus der Impressionisten, der sich mit einer Illusion der Wirklichkeit begnügt. Er will mehr, und das wird deutlich in seinem Bekenntnis: „Alles ist schön für den Künstler, denn in jedem Wesen und in jedem Ding entdeckt sein durchdringender Blick den Charakter, das heißt, die innere Wahrheit, die unter der Form erscheint. Diese Wahrheit ist die Schönheit selbst."

Diese geradezu religiöse Idee erhebt Rodin über jedes dogmatisch begrenzte künstlerische Denken. Dadurch, daß er die „vérité intérieure" (die innere Wahrheit) an oberste Stelle setzt, löst er sich von jeder nur formalen

Ästhetik. Zum Ausdruck der inneren Form kommt als ein anderes Anliegen das der Einfachheit und Wahrhaftigkeit. Nach seinem großen Rezept — des „travailler et avoir patience", des „Arbeitens und Geduld habens" —, das er Rilke als Maxime seines Schaffens in Meudon verriet, ließ er seine innere Vorstellung wachsen, bis unter seinen Händen der Ton und der harte Stein zu einem Sinnbild jener Synthese von Körperlichkeit und geistigem Leben wurden, welche die Idee seiner Kunst bildet. Aus dieser Einstellung heraus nannte Rodin den menschlichen Körper „einen wogenden Tempel des Lebens". Diese Idee hat Rodin in der langen Reihe der Figuren in Marmor und Bronze seines selten reichen Werkes im wahrsten Sinne des Wortes verkörpert. Sie offenbart sich in den berühmten Gestalten des Denkers, des Johannes, in den herrlichen Frauenakten, sie weitet sich aus in dem echt idealistischen Pathos seiner Denkmäler, wie des Dichters Victor Hugo, und erreicht eine letzte Steigerung des plastischen Ausdrucks zur übermenschlichen Größe expressiver Gebärde in dem erschütternden Werk der „Bürger von Calais", in dem „Höllentor" in Dantes Inferno und dem Balzac-Denkmal, Schöpfungen, die aus der Zeit Rodins in eine ferne Zukunft weisen.

Zu den wichtigsten Leistungen Rodins gehören die Büsten berühmter Zeitgenossen, wie Victor Hugo, Puvis de Chavannes, G. B. Shaw, Balzac, Antoine Proust und Dalou. Rodin gelingt es wie keinem anderen Bildhauer seiner Zeit, in der Sensibilität der Formen den Geist der Werke dieser Männer spürbar zu machen. Der Ausdruck dieser Köpfe verrät die nervöse Spannung überwachen Geistes in einzigartiger Weise.

Rodins Leben endete 1917. Er starb, nachdem sich in siebenundsiebzig ebenso schweren wie zur höchsten Vollendung gesteigerten Jahren seine Persönlichkeit zu einem neuen gültigen Beispiel des Künstlertums gerundet hatte. Sein Werk wurde richtungweisend, denn er war eine „Natur“ im Goetheschen Sinne.
Unsere Gegenwart hat weitestgehend den Sinn für die elementare Kraft der plastischen Kunst eingebüßt, deren höchster Gegenstand seit der Antike die Schönheit des Menschenkörpers war. Der Verlust des Menschenbildes ist nirgendwo krasser und schwerwiegender als hier. Die heutige Plastik versucht die Formen der technischen Welt nachzuahmen, sie ist geradezu der Gegenpol jener edlen Auffassung des Menschlichen, die in so hohem Maße von der Kunst Rodins verkörpert wird. Vielleicht wird einer späteren Generation Rodins Werk wieder ein Beispiel in dem Sinne sein, wie es Rilke erfaßt hat, wenn er in einem Brief schrieb: „Sein Werk ist voller Welt und überlebensgroß, und je mehr man darin herumgeht, desto weiter wirkt es; man kann nicht anders als wachsen an diesem Werk.“

GEORG KOLBE

Plastik als Musikalität der Form

Als am 20. September 1947 der Bildhauer Georg Kolbe in Berlin starb, hatte die Düsternis der Nachkriegszeit das Bewußtsein dafür verdrängt, welchen Verlust dies für die deutsche Kunst bedeutete. In dem seither vergangenen Vierteljahrhundert hat das sich steigernde Ausmaß künstlerischer Verwirrung den inneren Abstand zu diesem Künstler erheblich vergrößert, dessen Werk auch heute noch die Bedeutung eines wegweisenden künstlerischen Beispiels besitzt.

Geboren wurde Georg Kolbe 1877 in Waldheim in Sachsen als sechstes Kind eines Malermeisters. Er begann das Studium als Maler und Graphiker in Leipzig, und seine Anfänge standen unter dem Einfluß des damals gefeierten Symbolismus der Kunst Max Klingers, der ihn später nach einer persönlichen Begegnung 1901 auch finanziell förderte. Kolbes entscheidende Wende von der Malerei zur Plastik vollzog sich während seines zweijährigen Studienaufenthaltes in Rom von 1898 bis 1900. Hier bemerkte der bekannte Bildhauer Louis Tuaillon, ein Vertreter eines neuen idealistischen Plastikstils, die bildhauerische Begabung des jungen Kolbe und ermutigte ihn, zur Plastik hinüberzuwechseln. Den Schritt von der Malerei zur Plastik hatten damals neben Kolbe auch der ihm ein Leben lang als Freund verbundene Richard Scheibe und noch manche andere später bedeutende Plastiker getan. Diese Künstlergeneration hatte instinktiv erkannt, daß die großen malerischen Ideen und Aussagen der Zeit von Böcklin, Feuer-

bach, Leibl und Hans von Marées bereits verwirklicht waren, während eine gegen die akademische Konvention gerichtete freie Entfaltung der Plastik in Deutschland noch der Erfüllung harrte.
Die offizielle plastische Kunst in Deutschland war nach 1871 im Dienste des Repräsentationsbedürfnisses der Gründerzeit vor Aufgaben gestellt, die sie zu einem Rückgriff auf Formen und Themen der allegorischen Denkmalskunst der Renaissance und des Barocks veranlaßten. Das Beispiel der Berliner Kunst war bestimmend für ganz Deutschland. Hier war die große Linie der klassizistischen Tradition, die von Schadow über Rauch bis zum jungen Reinhold Begas sich fortgesetzt hatte, durch den pathetischen Denkmalsstil der Wilhelminischen Epoche abgelöst worden. Die Berliner Siegesallee, entstanden von 1898 bis 1901, war, trotz der Begabung der beteiligten Künstler, zum Beispiel eines Abstieges der Plastik im Sinne eines illustrativen Naturalismus geworden.
In diese Lage der Kunst sah sich der junge Kolbe gestellt, als er sich 1903 in Berlin niederließ. Der in der römischen Studienzeit empfangene Eindruck der stillen Klassizität der Werke Tuaillons bedeutete für Kolbe einen Schutz gegen den Einfluß neubarocker Pathetik, wie sie der späte Reinhold Begas in seinen imposanten, aber der wirklichen Monumentalität entbehrenden Denkmälern vertrat. Dazu kam, daß Kolbe 1905 als Stipendiat der Villa Romana in Florenz in Beziehung mit dem Werk und den Ideen Adolf v. Hildebrands kam, der hier sein Atelier aufgeschlagen hatte, nachdem er 1893 in seiner Schrift „Das Problem der Form" die klärenden Gedanken über die elementaren Fragen des Verhältnisses von Plastik und Raum veröffentlicht hatte. Diese programmatische Schrift hatte sehr we-

sentlich dazu beigetragen, daß es in der jungen Künstlergeneration, zu der Kolbe gehörte, zu einem neuen Begreifen des Klassischen aus einer wiederentdeckten Eigengesetzlichkeit der Form kam.

Kolbe begnügte sich jedoch nicht damit, den von den neuklassischen Tendenzen Hildebrands gewiesenen Weg fortzusetzen. In seiner Natur war neben dem Sinn für den Adel klassischer Form ein Element sinnlicher Empfindsamkeit wirksam.

Auf das Streben nach einer Erneuerung der Plastik aus einem freien Gebrauch raumschaffender Gestaltung hatte im 19. Jahrhundert auch das geniale Beispiel Auguste Rodins eingewirkt. Rodin suchte durch die Steigerung des Visuellen im Sinne einer malerischen Belebtheit der Formen ein Höchstes an seelischem Ausdruck und Durchgeistigung des plastischen Stoffes zu erreichen. Er war dabei bis an die Grenzen einer malerischen Auflösung der Form gelangt. Über Rodin hinaus führte kein Weg der Entwicklung, allein er hatte das zündende Beispiel einer Synthese der statuarischen Elemente des Plastischen mit der Ausdruckskraft eines visuell bis zum Äußersten belebten Formprozesses gegeben. Kolbe hatte vor seinem Rom-Aufenthalt, während einer kurzen Pariser Studienzeit, in Rodins berühmtem Atelier in Medon einen starken Eindruck von der Kunst Rodins empfangen, der um so tiefer ging, als er eine verwandte Seite in der Natur Kolbes anrührte.

Die spätere Entwicklung Kolbes zeigt eine Verbindung der beiden elementaren plastischen Möglichkeiten, der raumbildenden klassischen Formenharmonie und der inneren Belebtheit der Form durch ein starkes sinnliches Formempfinden.

Dieses Prinzip verkörpert bereits die Bronzeplastik der „Tänzerin" mit der der fünfunddreißigjährige Künstler 1912 vor die Öffentlichkeit trat. Diese Plastik der „Tänzerin" machte Kolbes Namen mit einem Schlag berühmt. Dargestellt war eine jugendliche Mädchengestalt, die mit einer leisen Hebung der Füße und einer leichten Drehung in der schlanken Hüfte mit ausgebreiteten Armen sich in voller Versunkenheit der Bewegung des Tanzes hingibt. Die Körperlichkeit der Figur ist ganz in den Rhythmus der Bewegung eingegangen. Das geschmeidige Spiel der Bewegungen und räumlichen Schwingungen war für Kolbe das primäre Erlebnis seiner formalen Inspiration. Der Schriftsteller Binding, ein Freund Kolbes, sagt über das Werk: „Noch ist Anmut Reiz. Vollkommene Gelöstheit mädchenhafter Glieder in traumhafter, hingegebener Tanzbewegung nur von einer inneren Musik bewegt. Der menschliche Körper wird über das Vital-Sinnliche herausgehoben und zum Träger einer seelischen Ausdrucksgestalt."

Die Figur der „Tänzerin", sehr bald von der Berliner Nationalgalerie erworben und lange Zeit im Berliner Kronprinzenpalais ausgestellt, gehörte zu den populärsten, weil wirklich geliebten Werken der plastischen Kunst dieses Jahrhunderts. Das Geheimnis dieser Popularität beruht auf der Natürlichkeit und künstlerischen Wahrhaftigkeit dieses Werkes. In einer Zeit, in der die expressionistischen Formexperimente das Kunstleben erschütterten, hatte Kolbe mit dieser Schöpfung bewiesen, daß es auch im modernen Geiste möglich ist, den menschlichen Körper als Gefäß formaler Schönheit zu gestalten.

Manche glaubten damals, daß Kolbe in diesem Werk die Grenzen seiner künstlerischen Möglichkeit vorzeitig erreicht hätte. Er hatte es nicht leicht, von der öffentlichen Festlegung auf den Stil dieses Frühwerkes loszukommen. Eine Steigerung der formalen Empfindsamkeit, wie sie in dieser Figur verwirklicht war, schien nicht möglich; Kolbe fand die Fortsetzung seiner Entwicklung in einem Vertiefen seiner Formgestaltung ins Symbolische. Auf diesem Wege erhalten Kolbes Plastiken ihre charakteristische Prägung durch das harmonische Ebenmaß ihres Raumvolumens. Das bleibende Thema seiner Figuren, sehr einfach in den Gesten, ist in neuzeitlicher Form jene Kalokagathie, unter welchem Begriff die griechische Antike die Einheit körperlich-geistiger Leistungsfähigkeit verstand. Kolbe erreichte die Gestaltung dieser Idee eines erhöhten Menschentums ohne jede idealisierende Stilisierung der Formen allein durch die ihm eigene Idealität der Naturanschauung.

Im Laufe der Zeit kommt er dann zu einer heroischen Steigerung im Ausdruck seiner Gestalten, ohne ins äußerlich Pathetische zu verfallen. Die Titel einiger seiner bekanntesten Werke, die er „Herabsteigender“, die „Hüterin“ oder die „Auserwählte“ nannte, bezeugen die Absicht einer monumentalen Symbolik. Daneben entstanden streng statuarische Plastiken, Mann und Frau, nebeneinander in ruhiger Haltung dargestellt, deren Ausdruckswert nur durch leise Bewegungsvarianten unterschieden ist. Die Idee der natürlich freien Lebensgemeinschaft hat hier eine gültige Symbolik erhalten.

Für die Kriegerehrenmäler, die Kolbe in Krefeld, Stralsund und Lüdenscheid schuf, wählte er als Symbolfiguren Jünglingsgestalten, die die Aura des heroischen Opfers umgibt. Die monumentale Gestalt der „Verkünderin“, geschaffen für das deutsche Haus der Pariser Weltausstellung 1936, der „Liegende Athlet“ auf dem Berliner Reichssportfeld gehören zu den schönsten Beispielen einer künstlerischen Motivierung der bildhaften Menschengestalt in einem echten neuzeitlichen Geist.

Die ungewöhnliche Fähigkeit Kolbes, die seelischen Regungen eines Menschengesichts zu erfassen, hat seine Porträtdarstellungen bedeutender Menschen, wie den wundervoll beseelten Kopf der Dichterin Anette Kolb, die Bildnisse von Slevogt, Henri van de Velde zu Höchstleistungen der Porträtkunst in diesem Jahrhundert werden lassen.

Kolbe war kein revolutionärer Formerneuerer, er stand mit Scheibe, Klimsch, Wackerle, Haller in der vordersten Reihe jener Generationsgruppe, die in den ersten Jahrzehnten des Jahrhunderts, als Fortsetzer und Vollender der Tradition, der deutschen Plastik Gewicht gaben.

Wir haben im Sinne ästhetischer Kriterien nach dem gefragt, was uns heute noch als Schönheit in diesem Werk anspricht. Da aber gerade der Begriff des Schönen in der heutigen Kunst als fragwürdig erscheint, ist es notwendig, den Wert dieser künstlerischen Gestaltung menschlicher Idealität in einer tieferen, geistigen Schicht zu suchen. Eine überzeugende Deutung bietet sich in einer Interpretation des Begriffes des künstlerisch Schönen in der Sicht neuzeitlicher Philosophie an. Danach hat „den Terminus schön der Sprachgebrauch versperrt. Er umfaßt auch ein nur Schönes, das leer ist“. Der Philosoph Kurt Riezler, von dem diese Feststellung stammt, nennt als Ausgleich für den verlorenen Schönheitsbegriff „das Wunder des Guten in der Kunst“, und er schließt mit den Worten: „Dieses Gute birgt ein Ja des Menschen zu sich selbst.“

In der künstlerischen Bejahung der Menschengestalt als

Sinnbild seiner humanen Würde liegt der tiefere Wert der plastischen Kunst, wie er noch im Werk Kolbes und seiner Generationsgenossen lebendig ist.

Die Schönheit und Würde des Menschenbildes war seit der Antike in immer neuen Abwandlungen das große Thema der abendländischen Plastik. Noch Goethe konnte mit dem Gewicht eines künstlerischen Glaubenssatzes sagen: „Der Hauptzweck der Plastik ist, daß die Würde des Menschen innerhalb der menschlichen Gestalt dargestellt werde."

Die Erinnerung an das Werk eines Plastikers unserer Epoche, in dessen Werken wir noch einen Abglanz dieser Idealität finden, lenkt den Blick zwangsläufig auf den tiefgehenden Gegensatz, den das plastische Schaffen der verschiedenen modernistischen Richtungen der Gegenwart beinhaltet. Groteske und primitive Verzerrungen der Menschengestalt beherrschen die Szene; durch amorphe Gebilde, die das Auge beleidigen, werden die öffentlichen Plätze der Städte verunstaltet. Das Menschenbild wird in dieser modernen Plastik verleugnet, weil sie sich abgelöst hat von der wahren künstlerischen Einbildungskraft, die nach einem Wort Schellings eigentlich die Kraft der „Ineinsbildung" darstellt. Er definiert sie „als die Kraft, wodurch ein Ideales zugleich auch ein Reales, die Seele Leib ist, die Kraft der Individualität, welche die eigentliche schöpferische ist". Diese „Ineinsbildung" wird jetzt in allen Lebensbereichen immer mehr durch einen Prozeß der geistigen Atomisierung und Isolierung abgelöst. Der Amorphismus der modernistischen Kunst ist die Spiegelung dieses Vorgangs. Der Mensch wird nicht mehr in der Würde seiner Individualität, sondern nur mehr als Teil einer Masse gesehen, welche die Schimmelschicht des Erdplaneten bevölkert. Auf dem geistigen Boden der neuesten

Thesen des französischen Biologen Monod, der die Entstehung des Lebens als ein Zufallsprodukt ansieht, kann keine Kunst und Kultur sich fortsetzen, in der das künstlerische Bild des Menschen ein Symbol seiner höheren geistigen Würde bedeutet. Für die bildende Kunst gilt es heute, den Weg zu jenem schöpferischen Vermögen der Individuation zu finden, durch welche die künstlerische Gestaltung des Menschenbildes wieder zu einer erhöhenden und ausstrahlenden Lebenskraft wird. Die Frage liegt nahe, ob neben den tieferen ideologischen Beweggründen die Ursache der Fehlentwicklung auf dem Gebiet der Plastik und der Kunst allgemein nicht in einem Fehlen der Talente zu suchen ist. Tatsächlich sind im Bereich der Plastik auch gegenwärtig große Begabungen vorhanden, die aber durch die Vorherrschaft eines abstrakten Formalismus und dekadenten Manierismus von einem Hervortreten im öffentlichen Kunstleben ausgeschlossen werden.

INHALT

BILDERVERZEICHNIS